대한제국의
기념 사적과
칭경예식의 관병식을
위한 연구

대한제국의
기념 사적과
칭경예식의 관병식을
위한 연구

최창언 지음

목 차

※ 개국 기년 및 연호 사용 기간

개국開國: 503년(1894년) 7월 30일~504년(1895년) 12월 31일, 개국 기년紀年
　　　　503년은 국내외의 공문서 및 사문서까지 확대 적용한 해
건양建陽: 원년(1896년) 1월 1일~건양 2년(1897년) 8월 16일
광무光武: 원년(1897년) 8월 17일~광무 11년(1907년) 8월 2일
융희隆熙: 원년(1907년) 8월 3일~융희 4년(1910년) 8월 29일

서문

　『가고 없는 제국을 위하여 Ⅰ』을 작년에 내고 이어 Ⅱ를 출간하게 되는 것이 기대된다. '위민의 의지가 서려 있는 탑골공원'은 『황실학논총』 제10호 「광무황제의 위민의 의지가 서려 있는 탑골공원」으로 2008년에 발표한 논문이고, '대한제국에 나부낀 어기와 군기'도 『황실학논총』 제13호 「대한제국의 어기와 군기」로 2012년 발표한 논문이다.

　'충의가 일성처럼 빛나던 장충단'은 을미사변 발생 120주년을 맞이해 모 학술지에 기고하였으나 비정한 장충단의 위치를 동의하지 않아 등재되지 못하고, 월간지 『영웅』 vol.5에 「애국선열 충혼 기려 민족정기 바로 잡아야 ―대한제국 현충원 장충단 복원을 위한 연구―」로 요약하여 2016년 3월에 발표한 글로, 논문과 더불어 그동안 새로 발굴한 자료와 연구 성과를 반영하기 위하여 실었다.

　『고종시대의 재조명』에 대한제국은 나라의 독립을 보전하기 위하여 여러 가지 근대화사업을 벌였고, 그중 하나인 서울 개조사업 중 탑골공원은 독립국으로서 면목을 일신하고, 그것을 유지할 힘을 키우는 자세로 서양의 도시 구도와 시설들을 적극적으로 도입하여 조성한 것이라고 했다.

　그러나 탑골공원은 1967년 도심지종합개발계획의 개조지구로 지정되어 주변 불량주택 철거에 이어 3·1로 도로확장으로 전 시위 군악대 악사樂士였던 종로도서관을 참담하게 철거하여, 대지 1,754㎡(530.585평) 중 약 56%인 983㎡(297.35평)가 전면도로에 편입되고 파고다 아케이드가 건축되었다.

탑골공원은 우리나라의 대표적인 역사적 도시공원(historic urban park)이다. 영국 미국 일본 등 선진국은 그 중요성을 깨닫고 법으로 원형原形 보존과 관리를 하고 있으나 우리나라는 관련 학자들만 인식하고 있는 수준이다. 필자는 13년 전부터 관계기관에 두 차례나 복원을 건의하였으나 지자체로 이관하고 계획이 있으면 반영해 보겠다는 말치레만 반복하여 들었다.

최근 15~16세기 한글 금속활자가 출토된 '서울 공평 구역 제15·16지구 도시환경 정비사업부지'가 바로 종로도서관 절반 이상이 도로로 편입된 맞은편이다. 이 기회에 사업 일부를 변경해서라도 도로를 돌리고 탑골공원 원형을 복원하여, 최초의 서양 음악학교이며 시위군악대 주둔지였던 한국 공공도서관 발상지가 사라진 근본도 없는 나라로 더는 세월이 흐르기 전에 마지막 기회를 놓치지 말아야 할 것이다.

한국 대중음악이 세계에 주목을 받아 한국 문화를 더 알고 싶어 방한으로 이어지고 방탄소년단(BTS) 노래가 미국 빌보드 메인 싱글 차트 '핫 100' 1위에 오르는 등 한국의 위상이 달라지고 있는 이때, 그들에게 소개할 만한 서양음악의 출발지 기념관 하나쯤은 있어야 하지 않겠느냐는 것이다.

장충단은 1919년 3.1운동이 일어나자 우리의 충군 애국심과 기념 유적을 말살하기 위하여 일제는 6월 공원화 계획을 발표하고 행락

지로 만들어 엄숙한 대한제국의 현충원인 곳을 훼손시켜 우리 민족의 독립 의지를 꺾고자 하였고, 조작한 육탄 3 용사의 동상을 세워 충의忠毅를 흐려 그곳을 알아보지 못하고 우리 손으로 훼철한다.

또한 국모國母를 지키지 못한 우리는 100년이 지나도 역사의 죄인이고 춘추대의春秋大義에 원수를 갚지 않으면 어찌 나라라 할 수 있으며, 나라의 한 여인도 지키지 못한 그 욕됨은 한 세기를 넘어 지금까지 고통이 미치고 있는 것을 오늘의 역사가 증명해 주고 있다.

세종대로 사거리에 있는 기념비전은 광무光武 황제의 즉위 40년 경축을 기념한 건축물로 단순히 즉위만 기념한 것이 아니라, 제국주의 열강으로부터 침략의 희생이 되지 않기 위해서 국제 행사로 열어 초대한 각국 특사들로부터 중립국 승인을 끌어낼 계획이었던 것이었다.

그러나 시운時運을 얻지 못하여 무산되었지만 이러한 건축물을 우리는 별로 아는 것이 없어 일제로부터 훼손된 담장을 복원할 생각을 하지 못하고, 단순한 기념비각 정도로 인식하고 놔두어 만세문 등이 부실하여 이를 바로잡고, 원형 복원을 위해서 살펴본 것이다.

대한제국의 어기御旗와 군기는 제국으로서 위엄과 엄숙한 차림새를 위하여 광무 6년(1902년) 8월 군기와 어기·예기睿旗·친왕기親王旗를 조성하라는 조령을 내려 제정하게 되는데, 이는 광무 5년(1901년) 6월 28일에 열린 신축진찬이나 9월 8일에 열린 진연에 이미 태극 어기가 등장하고 있어 이를 제도화한 것이다.

어기에 대한 학계의 연구는 아직 미진하여 대한제국의 어기를 대조선의 어기와 같을 것으로 짐작한 바가 있으나, 진찬·진연의 도병圖屛을 보면 이전에 쓰던 교룡기 대신 황색 바탕의 태극기가 어기로 쓰이고 있으며, 『독일인 헤르만 산더의 여행』에서 '대한황제 폐하 몸기'라고 입증해주고 있다.

군기는 기병대기와 연대기를 조성하여 각 부대에 나눠주는데, 기병대기는 고사진을 통하여 무문접영성無紋接英星이 태극인 도식을 파악할 수 있으나 연대기는 설명이나 사진이 남아 있지 않아 대대기를 통하여 대략 추론할 수밖에 없는 실정인데, 대대기의 쓰임이 도감에 따라 달라 그 정확한 도식을 알 수가 없어 더 많은 연구가 필요하다.

경운궁(덕수궁) 내부의 수위대는 의장위병, 전령기병, 호포수號砲手로 구성하여 어소御所 및 동궁이 계시는 곳에 배치되어 호위하였고, 황궁 외부는 징상대徵上隊 중 참위 1명, 하사졸 5명으로 3대로 구성하여 대한문 앞에서 운교로, 수옥현(중명전) 문 앞, 돈덕전 문 앞, 회극문 앞 아래, 러시아공사관 후문, 신문현, 오궁동五宮洞, 백목교白木橋, 영성문, 서학현, 포덕문 앞으로 순찰하였다.

군사의 위용을 보여주는 관병식은 한 국가와 황실의 자부심과 위엄을 대외적으로 드러내는 것으로, 광무 6년(1902년) 10월 18일 경희궁에서 열릴 예정이던 즉위 40년 칭경예식의 핵심 행사인 관병식에 새로 제정한 대한제국 애국가와 어기, 각종 군기를 갖춘 혼성여단의 열병식을 통하여 대한제국이 이루고자 했던 꿈과 역사를 되새겨 보았다.

시위군악대, 보병대, 야포 6문의 기마포병대, 군악 제2대, 기병대로 편성된 혼성여단의 근대화된 열병식은 대영제국(British Empire)의 군기 분열식(Trooping the Colour)과 비견될 만하고, 초청한 수교국 특사들로부터 우리의 외교적 목표가 지지받을 수 있도록 기획

된 행사여서 경운궁 돈덕전 복원에 맞춰 재현해 볼 수 있기를 기대하고, 또 국가 의전에도 활용할 만하다.

대조선은 무비자강武備自强을 위하여 고종 18년(1881년) 10월 제3차 수신사 조병호와 같이 일본에 파견한 병대兵隊는 나라의 발전을 위하여 전습한 지식을 전파하여 내부 역량을 키울 생각은 하지 않고, 일제의 조선 침략 저의를 알아채지 못하고 갑신정변에 가담하여 나라를 큰 혼란에 빠트리게 한 오감·신복모·이은돌의 국내외 행적과 그 의의를 살펴보았다.

백수는 아니지만 코비드(COVID) 19로 외출을 거의 하지 않고 글을 마감 짓느라 졸지에 삼식이가 된 사람을 뜨거운 불 앞에서 요리를 해 꼬박꼬박 챙겨준 서은희 마나님과 여러모로 어려운 환경임에도 불구하고 글 하나만 보고 이렇게 출판하기로 한 한국학술정보(주)에 깊은 감사를 드리는 바이다.

서울의 진산鎭山 삼각산 아랫동네에서
단기 4354년(2021년) 8월 30일
사운似雲 최 창 언

위민爲民의 의지가 서려 있는
탑골공원

1. 머리말

서울 문화재 홈페이지 고건축·누정 항목의 '탑골공원 팔각정' 설명에 탑골공원은 고종 임금 당시에 총세무사總稅務司로 있던 영국인 브라운(Sir John Mcleavy Brown 백탁안栢卓安 1835.11.27~1926.4.6)이 1895년 또는 1896년 이곳을 도시공원으로 만들 것을 건의하여 되었으며 원래 황실 공원이었다고 하고, 팔각정의 정확한 건립 연대는 알 수 없으나 1902년 고종 즉위 40년을 기념하는 대대적인 행사를 위하여 군악대의 연주 장소로 지어진 것으로 황실 관현악단이 쓰던 황실 음악 연주소였다고 한다.

또 건물지 항목의 '탑골공원' 설명은 광무 원년(1897년)에 건의하여 서구식 공원을 건립하고 이곳에 있던 원각사탑의 이름을 따 '파고다 공원'이라 하였다고 하고, 애초에는 빈 땅에 간단히 울타리를 두르고 몇십 그루의 나무를 심고 의자를 갖다 놓은 정도에 불과했다고 한다. 그러나 일제 강점기 때의 월간지 『개벽』은 광무 2년(1898년)에 원각사탑을 보관할 필요로 세관에서 경비를 내어놓고, 한성부漢城府는 주위 집을 매입하여 내부內部 토목국의 감독 영국인 브라운의 의견을 좇아 공원이 신설되었다고 하고 있다.[1]

---

[1] 『개벽』 제33호 1923.3 「봄을 맞는 탑동공원」 춘파 p79;『개벽』 제48호 1924.6 「경성의 명승과 고적」 p108; 『별건곤』 제23호 1929.9 「경성이 가진 명소와 고적」 고고생(考古生) p25; 『매일신보』

이렇듯 탑골공원 조성 건의 시기를 1895년 또는 1896년 광무光武 원년(1897년)에 하여 공원이 되었으며 간단히 울타리를 두르고 몇십 그루의 나무를 심고 의자를 갖다 놓은 정도에 불과하다고 하고, 팔각 정은 정확한 건립 연대는 알 수 없으며 1902년 고종 즉위 40년을 기 념하는 행사를 위하여 군악대의 연주 장소로 지어진 것으로 설명을 하고 있다.

[그림 1] 주변 민가에 둘러싸인 원각사지 십층석탑

현재 탑골공원은 3·1운동 정신 이 살아 숨 쉬는 국가 사적 제354 호로 팔각정은 서울시 유형문화재 제73호로 지정되어 있으나, 담장 은 동북쪽으로는 사괴석四塊石 위 전돌博乭에 기와를 이었고, 서남쪽 은 돌난간으로 되어있다. 4문의 동문은 솟을삼문, 서문은 일각문一 脚門, 남문은 3칸문, 북문은 사주 문四柱門으로 세워져 있고 시위군 악대 악사樂舍는 철거되어 흔적도 없이 사라졌다. 이에 담장 및 동서

남북 4문,[2] 시위군악대侍衛軍樂隊의 연주를 위하여 세워진 팔모정과 악 사, 동판 음악당인 호리즌트(Horizont), 북문 옆에 있던 모사茅榭 등 탑 골공원 원형原形과 납량 음악 연주기록들을 살펴보고자 한다.

1926.4.8. 1면「백탁안 박사 장서 구한국 재정 참여로 탑동공원의 설계자」;『조광(朝光)』조선일보 사출판부 1938.11「한양도(漢陽都) 고적 순례기 1. 탑동공원」차청오(車靑吾) p99

2)『조선명승실기』서광전 대동사 1914「경성 사동 파고다 공원」p43

2. 민가 철거와 공원지 조성

　탑골공원의 조성 시기를 서울시 문화재 홈페이지에 그 시기를 1895년 또는 1896년 광무 원년(1897년)으로 설정하고 있는데, 이는 경성부사京城府史 제1권의 파고다 공원의 유래 "광무 초년初年에 영국인 고문 총세무사 브라운이 이곳을 보존하여 소공원으로 만들고 후에 황실 소속의 음악 연주소를 설치하는 등의 연유로"3)를 인용하여 광무 초년을 광무 원년(1897년) 또는 그 이전으로 보았기 때문인데, 공원지의 민가 철거 시기로 보아 오히려 개벽開闢지의 광무 2년(1898년)이 더 근사近似하다.

　대한제국은 광무 2년(1898년) 원각사지십층석탑의 고적을 보존한다는 방침에 따라 공원을 조성하기로 하여, 경비는 해관海關에서 부담하고 주변 민가의 매입과 훼철은 한성부가 담당하여 내부 토목국 감독 하에 공원을 신설하기로 하고, 설계는 해관 총세무사이며 탁지부 재정 고문인 브라운(Sir John Mcleavy Brown)의 의견을 많이 받아들였다.4)

　광무 3년(1899년) 3월 정부는 한성부를 지휘하여 사동寺洞 탑 주위 집들을 외국인과 내국인에게도 사사로이 서로 매매하지 말 것을 지시하고,5) 13일 양지아문量地衙門 소속 서양 측량기사가 중서

---

3) 『경성부사』 vol. 1 경성부 편 경성부 1934~1941 「パゴダ公園の由來」 光武の初年に, 英國人 顧問　總稅務司ブラオンが　此の地を保管し小公園ごなし,後ち帝室所屬の音樂演奏所を設くる 等…p215

4) 『내부래문』 규17761-v.1-24, 051a 의정부(조선) 편 9책 「조복 제6호」 한성부 판윤 최영하가 황명을 받들어야 할 면전 말씀이 있어서(有承貴判尹面謂奉旨) 공원을 만든다는 것이다.; 『동아일보』 1921년 10월 8일 1면 「백두산 기행이 끝나고 납량회가 마추임 육(六)」 애류(崖溜) 권덕규 (權悳奎)

5) 『매일신문』 1899년 3월 7일 3면 「정부에셔 한성부에 지휘ᄒ기를」

中署 관인방寬仁坊 탑골공원 예정지 사방에 경계를 표시하여 집 수를 세고 자로 재 집을 헐어 공원지로 만들려고 하자, 중추원中樞院은 대개 공원이라는 것은 나라가 개명되고 부강한 연후에 인민들이 혹 마음을 명랑하고 후련하게 탁 터놓고 신체를 운동하는 곳으로써 이국편민利國便民하라는 것인데, 집을 몇백 호 헐어 공원을 만들면 어디로 가서 살라 하는지 그 일이 대단히 불가하다고 정부에 그 연유가 옳지 않음을 알리고, 공원은 다음에 공한지지空閑之地에 만드는 것이 합당하다고 한다.

이렇듯 인가人家를 헐어 공원지를 만들려고 하자 민원이 생겨 중추원은 정부에서도 알지 못한다고 하고 지방을 관할하는 내부에서도 참으로 시킨 일이 없다고 하니, 집이 헐리면 백성들이 헤어져 흩어지니 그만둬 달라고 의정부議政府에 조회를 하나, 한성부 관원들은 탑골 등지의 인가를 살피고 집집마다 대문에 인지印紙를 붙인다.

조복 제6호
의정 참정 찬정 참찬

광무 3년(1899년) 4월 19일
접수 제49호

귀부(의정부) 제55호 조회에 의하여 한성부에 훈령하였더니 해부(한성부) 제10호 보고서를 받은 내용에 '본부(내부)의 제10호 훈령 내용에 의정부 제55호 조회를 접한 내용에 현재 듣기로 탑동 부근 집을 모두 매입하여 철거할 예정으로 한성부에서 인지를 집집마다 붙이고 집값을 계산하여 며칠 안에 철거한다 하니, 도성 중심지의 인가 철거로 호적에 편입된 생업이 없는 백성이 다수 옮겨가는 것은 결코 편하고 좋은 정사政事가 아니라, 귀부(내부)는 지방을 관리하는 곳이거늘 한성부는 애초부터 귀부가 지휘하였는데 제멋대로 집을 철거하는 것이 몹시 괴이하고 의심스러워 이에 조회하오니, 사정을 잘 살펴서 즉각 한성부에 훈령하여 집 철거는 우선 중지케 하고 해부(한성부)의 어떤 명령과 무슨 경비로 집값을 주는지 낱낱이 자세하게 조사하여 알려주시기 바랍니다.' 한 사실에 따라 이에 훈령하니 그 사유를 분명하고 자세하게 보고하여 이용하는 편에 조복照覆하시오.

훼철 제일 조목은 우선 정지하고 사태의 전말을 즉시 바로 보고하라 한 사실에 따라 탑동 사유는 제9호 본부(한성부) 보고에 상세히 밝혔으니 거듭 중복하여 다시 하지 않겠으며, 집값은 전에 훼철비를 해관 총세무사가 일부를 떼어 보내더니, 이번은 이달 8일 총세무사 브라운(Sir John Mcleavy Brown 백탁안栢卓安)이 공문서에 일전에 밝힌 견해로 귀(최영하) 판윤이 황명皇命을 받들어야 할 면전 말씀이 있어서, 탑동 옛 탑 주변 사방에 거주

[그림 2] 광무 3년(1899년) 5월 원각사지십층석탑 주변 민가를 철거 중인 대절골(大寺洞) 『한국풍속인물사적명승사진첩』 간사자 미상 p42

하고 있는 집들을 사서 넓힐 비용을 마련하여 탑 주위의 터와 비석까지 포함한 중앙에 우뚝한 탑 공원을 만들어 많은 사람이 서로 같이 재미있게 놀고 즐길 곳입니다.

이미 거의 각각의 집을 매입하기로 한 합계 금액이 24,618원이며, 아울러 호戶를 살펴 조사서 작성을 끝내고 이미 집값을 완전히 준비하여 이제 보상비 지급을 귀 판윤이 바라던 파견 관원과 총관 總關(브라운)이 탁지부에 같이 도착하여 그 보상 대금을 각각 집주인이 희망하는 대로 서로 보는 앞에서 지급했던 사실에 의거하여, 탁지부에 같이 도착하여 그 보상 대금 등을 전에 항상 일부를 떼어 보내주던 것보다 한층 정확하고 확실히 하여 서기 1명을 파견하고, 곧 해관으로부터 일부를 떼어 보내주어 과거의 예가 없어 본부에 질품質稟하여 처음에는 양지아문이 훈령한 사실에 의하여 고시하였고, 다음에는 토목국 기사의 명령을 받아 서기를 통해 인지만 전례에 따라 보냈고, 세 번째는 브라운(John M. Brown)이 공문서를 보내 탁지부에서 돈을 떼 내주도록 인준한 것이 전후 사실이라 어찌 본부(내부)가 아주 사소한 것이라도 제 마음대로 하겠으며, 철거도 이전부터 본부(내부)는 관련이 없고 오로지 토목국 소관이며, 만약 해국이 철거하지 않으면 자연히 중지되기에 이에 사실에 따라 보고하오니 잘 살펴보시기 바랍니다. 한 사실에 의하여 이에 아뢰오니 사정을 잘 살펴 아시기 바랍니다.

광무 3년(1899년) 4월 18일
의정부찬정 내부대신 이건하
의정부참정 신기선 각하6)

---

6) 『내부래문』 규17761-v.1-24, 051a 의정부(조선) 편 9책
照覆 第六號
議政 參政 贊政 參贊
光武三年四月十九日
接受　　第四十九號
貴府 第五十五號 照會를 據ᄒ와 漢城府에 訓飭ᄒ얏더니 該府 第十號 報告書를 接ᄒᄋ즉 內開에 本部 第十號 訓令 內開에 議政府 第五十五號 照會를 接准ᄒᄋ즉 內開에 現聞塔洞 附近 人家를 統

인가人家 철거를 위한 보상금을 살펴보면 내부의 조복照覆 공문에 24,618원이라고 하나 독립신문은 3만 8천여 원으로 보도하고 있으며, 보상비는 기와집은 매간每間 상등上等은 600량이고 중등中等은 550량이고 하등下等은 500량이며 초가집은 상등 300량이고 중등은 250량을 주는데,[7] 4월 9일부터 우선 1만여 원으로 보상하자 10일 돈이 적다고 여러 사람이 연명으로 소장을 작성하여 하소연하고, 13일에도 이 돈으로는 다른 데 가서 집을 살 수도 지을 수도 없다고 한성부로 연명으로 소장을 작성하여 하소연하러 간다.

　　민원이 계속되자 내부內部에 보고하는 공문인 관유關由도 하지 않고 일을 추진하였다 하여 훈령을 하자, 최영하崔榮夏는 먼저 집을 헐고 내부에 보고해왔다고 한다. 그러나 의정부는 정부와 의논도 없이 제 마음대로 처리하여 그 경비와 집값은 무슨 돈으로 주는

買毀去ᄒᆞᆯ 次로 漢城府에서 印紙를 逐戶貼付ᄒᆞ고 家舍價를 算給ᄒᆞ야 不日 毁撤ᄒᆞ려ᄒᆞᆫ다 ᄒᆞ오니 都城 中央之地에 人家 毁撤과 編戶無業之民을 夥數 遷徙가 大非便宜之政이라. 貴部ᄂᆞᆫ 地方을 管理ᄒᆞᄂᆞᆫ 터이어ᄂᆞᆯ 漢城府에서 初無 貴部 指揮ᄒᆞ고 擅自 毁家ᄒᆞ미 甚庸訝惑ᄒᆞ야 玆에 仰照ᄒᆞ오니 照亮ᄒᆞ오셔 刻卽 發訓於漢城府ᄒᆞ야 家舍 毁撤은 爲先 停止케ᄒᆞ고 該府之據何命令과 舍價之出何經費를 一一詳探 示明ᄒᆞ시믈 爲要 等因이기로 玆에 訓令ᄒᆞ노니 該事由를 昭詳 修報ᄒᆞ야 俾便 照覆케 ᄒᆞᆯ지오 毁撤 一款은 爲先 停止ᄒᆞ고 形止를 刻卽 馳報 等因ᄅᆞ 承준온바 塔洞事由ᄂᆞᆫ 第九號 本府 報課에 備陳ᄒᆞ왓신 즉 更無架疊ᄒᆞ오며 舍價 ᄯᅩᄂᆞᆫ 曾前에 毁撤費ᄅᆞ 海關 總稅務司로셔 劃送ᄒᆞ미 有ᄒᆞ왓더니 今番은 本月八日에 總稅務司 栢卓安 公札 內開에 日前會晤 有承 貴判尹尹面謂奉旨 於塔之古塔旁 將四圍之居人屋宇 俱倂購之拓 其址環其塔 與負碑之石 鳳晶於中央 而建作塔園 爲衆人相同行樂之地 今已將各屋買定 合計 價値 二萬四千六百十八元을 幷經按戶 繕就淸單 已將價値 預備齊全 當于今日 發給屋價 惟希貴判尹 派員來總關 偕到度支部 撥該價款 同行面給該屋主爲希等因을 准호온 즉 偕到度支部 撥該價款等語가 前에 尋常 劃送ᄒᆞ던이와 更加的確ᄒᆞ온 故로 書記 一人을 派送ᄒᆞ왓더니 卽自海關 劃送이오니 此無往例면 質稟 本部ᄒᆞ오려니와 初因 量地衙門 訓令ᄒᆞ와 等因 告示ᄒᆞ옵고 再因 土木局 技師 知委ᄒᆞ야 書記로 印紙만 依前例 給送ᄒᆞ옵고 三因 栢卓安 公札ᄒᆞ야 認自 度支部 劃價이오니 前後 事實이 豈有本府之一毫 擅便이오며 至其毁撤도 自前으로 本府ᄂᆞᆫ 無關이옵고 專是 土木局 所管이온바 若自 該局不毁면 自當 停止ᄒᆞᆯ깃ᄉᆞᆷ기 玆에 據實修報ᄒᆞ오니 査照ᄒᆞ시믈 爲要 等因이옵기 玆에 仰佈ᄒᆞ오니 照亮ᄒᆞ시믈 爲要事.

　　光武三年四月十八日
　　　　　議政府贊政內部大臣 李乾夏
　　議政府參政 申箕善 閣下

7) 『제국신문』 광무 3년(1899년) 4월 13일 3면 「탑골공원디 만다난 일노 허러낼 집갑슬 주되」

지 자세히 사실대로 보고하라 하나, 이미 집값을 지급한 뒤라 부득이하여 정부는 회의 끝에 그 경비 5만 원을 탁지부度支部에서 예산 외 지출을 하고8) 내부에 보고도 하지 않고 제 마음대로 처리하였다 하여, 4월 25일 내부 기사技師 심의석沈宜碩(1854.8.3~1924.7.21)9)은 15일 감봉에 처하고, 한성부 판윤判尹 최영하崔榮夏는 인표印票를 붙인 사유로 견책譴責한다.10)

[그림 3] 대원각사비 주위는 낮아 비가 오면 물이 고였다.
『독일인 헤르만 산더의 여행』 국립민속박물관 편 2006 p188

이런 과정에 혼선을 빚기도 하여 다른 한편에서는 궁내부대신 이재순李載純 씨가 공명심으로 공원을 만들려고 집들을 헌다고 하였

---

8) 『독립신문』 1899년 4월 21일 3면 「집갑 지출」

9) 『대한건축학회 추계학술발표대회 논문집(계획계) v.16 n.2 대한건축학회 1996. 10 「한국의 근대건축의 기수 심의석에 관한 연구」 우대성 박언곤 p160, 그는 경기도 양주군 회천읍 회암리에 묻혔으며 홍익대학교 총장으로 지낸 심상필(沈相弼) 씨의 종조부(從祖父)다.

10) 『내부래문』 규17761-v.1-24 의정부 편 9책 「제484호 통첩」

다가 도로 아니 헌다며 집값을 반환하라는 소문이 돌아, 그중에 형편이 구차한 사람들은 돈을 도로 내줄 수 없어 24명이나 도피하여 생긴 빈집을 근처에 있는 사람들이 정부에서 무슨 말이 있어 한성부의 허가가 났다며 사칭하여 자기 마음대로 들어와 살아, 한성부 판윤 최영하가 견책을 받은 후에 모두 다시 내보내기로 한다.

5월 19일경 해관 총세무사 브라운(Sir John Mcleavy Brown)은 내부에 여러 번 공찰公札을 보내 탑골 집들을 속히 헐어 달라고 독촉하고, 6월 초에 다시 헐기 시작하여 공원의 모양은 거북이 형국形局으로 하여 길을 머리와 꼬리 네다리의 형상으로 낸다. 집들이 철거된 공원의 대원각사비 주위는 지대가 낮아 비가 오면 물이 고였고, 그 옆에는 기와를 되쓰려고 높이 쌓아 두었으며 뒤로는 호박돌 무더기를 모아 놓았다.

3. 팔모정 건축 시기와 호리즌트

탑골공원의 담장은 광무 5년(1901년) 4월 27일 제물포로 입국하여 서울을 살펴보고, 5월 19일 부산을 통해 떠난 체코 여행가 엔리케 스탄코 브라즈(Enrique Stanco Vráz 1860~1932)의 사진에 아직 담장이 없어,[11] 5월 이후에 공원 안쪽으로 장대석長臺石에 일정한 간격의 배수구를 내고 그 위에 붉은 벽돌로 영식英式 쌓기로 타원형으로 쌓았으며,[12] 처음에 북문은 벽돌 기둥을 세워 트임문으로

---

11) 서울역사박물관 전시 '1901년 체코인 브라즈의 서울방문' 엔리케 스탄코 브라즈(Enrique Stanco Vráz 1860.4.18~1932.2.20) 2011.4.14~6.12

12) 『사진엽서로 보는 근대풍경 4 관광』 부산박물관 민속원 2009 p413

만들어 밖으로 나서는 사람의 모습도 보인다.[13]

9월 탑골공원은 많은 일이 차분히 진행되어 공원 안은 정리되었고 담장이 쳐졌으며, 멋진 문이 남쪽과 북쪽에 세워지고[14] 이어 동문이 세워져, 4문 중 동문 남문 북문이 사진에 보인다.[15] 남서쪽은 다른 곳과 달리 지반의 단 차이가 심하여 공원담장 위로 시위군악대 담 하나의 높이가 더 보이며, 붉은 벽돌로 일정한 간격의 기둥을 세우고 그 사이를 쌓았다.[16]

팔모정의 건축 시기를 가늠해 볼 수 있는 사료를 살펴보면 동경제국대학 공과대학 조교수 세키노 타다시關野貞(1867~1935)는 일본 정부와 동 대학 인류학 교실의 명을 받고 타니이 사이이치谷井濟一, 쿠리야마 슌이치栗山俊一 등과 같이 광무 6년(1902년) 6월 30일 고베神戶를 출발하여, 9월 4일 부산을 떠나기 전까지 전국에 걸쳐 한국건축을 조사하여 보고한 『한국건축조사보고』에 7월 5일 인천을 거쳐, 7월 22일 개성으로 가기 전 약 보름 동안 서울에서 조사한 내용 중 탑골공원은 대원각사비와 원각사지십층석탑에 대해서만 기술을 하고 있고, 수록된 사진을[17] 자세히 살펴봐도 다듬은

---

13) 『꼬리아 에 꼬레아니(Corea e Coreani)』 사진 해설판 이돈수 이순우 지음 하늘재 2009 사진 I-082 p118; 『서양인이 만든 근대 전기 한국 이미지』 제1권 서울 풍광 p69 버튼 홈스(E. Burton Holmes) 『Burton Holmes Travelogues』

14) 『The Korea Review』 Homer B. Hulbert The Methodist Publishing House, Reprint Kyung-In Publishing 1986 p410 "A good deal of work has been quietly done on the public park in the center of the city near the pagoda. The space has been cleared and walled in, and handsome gates are being built on the north and south sides. We hope that before long the two top stories of the pagoda will be restored to their position from which they were taken down by the Japanese at time of the invasion."

15) 『韓國案內(한국안내)』 가츠키 겐타로(香月源太郎) 저 아오키 수잔도(靑木嵩山堂) 1902(명치 35).9 p107 둘레가 대략 3백여 칸에 높이 6자 남짓의 벽돌 벽을 쌓고 삼면의 문을 세우고(周圍凡そ三百余間高さ六尺余の煉瓦壁をらし三方の門を築造し,) 1902년 상반기까지 서문은 아직 세우지 못한 것으로 보인다.; 『최신 경성전도』 일한서방 1907 남문 자리에 붉은색 문 표식이 있다.

16) 『호주 사진가의 눈을 통해 본 한국 1904』 조지 로스(George Rose 1861.12.10.~1942) 사진 교보문고 2004

듯한 목재만 좀 보이지 팔모정은 보이지 않는다.

규장각奎章閣의 각부군래첩各府郡來牒 제5책 궁내부 내장원內藏院 편에 광무 6년(1902년) 9월 총세무사 맥리비 브라운(Sir John Mcleavy Brown)은 궁내부로 경운궁慶運宮(덕수궁)의 양식전각洋式殿閣(석조전 1900~1910)과 탑골공원의 정자를 짓는 데 필요한 강화석江華石의 길이, 넓이, 부피, 수효 등을 적은 목록인 청단淸單 2지를 보내, 석장石匠 책임자 호문조胡文藻가 장인들을 데리고 강화도에 가서 돌을 채취할 수 있게 통행허가증인 집조執照를 발급하여 달라고 하여, 9월 3일 궁내부대신서리 협판協辦 조정구趙鼎九는 내장원경內藏院卿 이용익李容翊(1854~1907)에게 조회照會하자, 석장두인石匠頭人 호문조胡文藻에게 발급한 집조執照 1장을 보내와 이를 첨부하여 빙표憑票를 발급해 달라고 이어 9월 5일 조회照會한다.

[그림 4] 팔모정 건축 전인 광무 6년 (1902년) 7월 전경 『한국건축조사보고』 도쿄제국대학 공과대학 편, 도쿄제국대학 공과대학 1904 p216 제 327도

조회

접광무 6년 9월 5일
수제15호

---

17) 『韓國建築調査報告(한국건축조사보고)』 동경제국대학 공과대학 편 동경제국대학 공과대학 1904(명치 37) 제327도 p216;『韓國案內(한국안내)』 가츠키 겐타로(香月源太郞) 저 아오키 수잔도(靑木嵩山堂) 1902(명치 35) 사진 번호 5 팔모정 건축 전 사진과 탑골공원 조성을 건의한 청안군(淸安君) 이재순(李載純) 사진이 같이 있다.

총세무사 브라운의 공문 내용에 의하여 경운궁(덕수궁) 양식전각
(석조전) 및 (탑동)공원 석정(팔모정) 건축에 각각 쓰일 석재의 집
조執照 발급을 위해 석공 책임자 호문조가 강화에 가 채취할 것을
적은 청단清單을 보내와, 이에 이미 작성한 집조에 모두 관인을 찍
어 발급하여 호문조가 장인을 대동하여 강화에 가, 석재 채취와 그
밖에 쓸 것을 특별히 적은 집조 한 장을 전사專使가 서한을 올려
청하자, 귀 대신이 아랫사람의 사정을 살펴 이내 강화 부윤께 이문
移文을 보내 (지방관을 경유) 확인한 집조를 그대로 주어 책임을
맡겨 호문조가 받아 가지고 있는데, 장인들의 석재 채취를 보면 지
체되고 막혀 진행이 안 되는 실정인 사실에 따라 이에 집조 한 장
을 덧붙여 아뢰오니, 형편이나 사정을 잘 살피신 후 빙표憑票를 발
급하여 이용하는 편에 보내주시기 바랍니다.

　　　광무 6년(1902년) 9월 5일
　　　　　의정부찬정 궁내부대신서리 궁내부협판 조정구
　　　내장원경 이용익　　　　　　　각하18)

---

18) 『각부군래첩』 규19146-v.1-13 내장원(조선) 편 제5책
　　　　　"接光武六年九月五日
　　　照會　　　受第 十五 号
　　　卽據摠稅務司 柏卓安 公函 內開 建造慶運宮 洋式殿閣及公園石亭 需用各石 應發執照給 工匠頭
人胡文藻 赴江華採取函達在案 玆已繕就執照蓋用印信除發給 該胡文藻帶工匠 赴江華採取各石
外庸特照錄 該執照一紙 專函呈請貴大臣鑒照 卽行移文江華府尹 囑其驗明執照仍給 胡文藻收執
准 該工匠等照採各石 勿得留難阻滯爲妥 等因 准此 執照一張粘付 仰佈爲오니 照亮後 發給憑票
ᄒᆞ야 俾便採用케 ᄒ심을 爲要
光武六年九月五日
　　議政府贊政 宮內府大臣署理宮內府協辦 趙鼎九
內藏院卿 李容翊 閣下"

[그림 5] 광무 7년(1903년) 5월 이후 팔모정 기단공사 중인 모습

이탈리아 총영사인 까를로 로쎄티(Carlo Rossetti)도 광무 6년 (1902년) 7월과 다시 11월 4일[19] 저녁 제물포에 입항하여, 11월 6 일부터 광무 7년(1903년) 5월 15일까지 재임 기간에 그의 친구인 가리아쪼(P. A. Gariazzo)와 같이 서울을 다니면서 보고 찍은 것과 수집한 많은 사진을 1904년 발행한 『Corea e Coreani(꼬레아 에 꼬레아니)』 책에 세키노 타다시關野貞가 찍은 같은 사진이 수록되 어 있다. 또한, 광무 7년(1903년) 5월 8일 오후 4시에 서울에 도착 하여, 9일 브라운의 안내로 둘러보고 떠난[20] 영국의 작가 여행가 탐험가 정보원이었던 거트루드 벨(Gertrude M. Bell 1868.7.14~ 1926.7.12)의 사진에도 원각사지십층석탑 주위에 석재를 모으는 모 습은 보이지만, 팔모정은 보이지 않는다.

---

19) 『황성신문』 광무 6년(1902년) 11월 7일 2면 잡보 「의영사파래(義領事派來)」
20) Gertrude Bell Archive >Letters >11/ 5/ 1903

[그림 6] 광무 7년(1903년) 11월 초, 기와 잇기 중인 팔모정 『Korea: Klucz Dalekiego Wschodu』 Sieroszewski, Wacław Gebethner i Wolff 1905 p336

폴란드인 작가로 러시아 민속학 황실지리학회 탐사대 일원으로 온 바츠와프 시에로셰프스키(Wacław C. Sieroszewski 1858.8.24~1945.4.20)는 광무 7년(1903년) 10월 30일 서울에 도착하여 답사하고 쓴 책『Korea: Klucz Dalekiego Wschodu(한국 극동의 열쇠)』에서 공사용 가가假家와 주변에 풀이 무성하게 자란 팔모정八모停의 사진21)을 남기면서, "광장의 중앙에는 미래의 싹이라도 되는 듯 '음악을 위한 정자'가 서 있지만, 주위에는 혐오스러운 울타리가 둘려 있다."22)라고 하는데, 이는 광무 6년(1902년) 광무황제 폐하의

---

21) 『Korea: Klucz Dalekiego Wschodu(한국 극동의 열쇠)』 Sieroszewski, Wacław Gebethner i Wolff 1905 p336

22) op. cit. p389 Plac przyszłego ogrodu wygląda jak pustoć zamiejska, usypana górami śmiecia, gruzu, piasku, porosła lichą darniną. Nigdzie śladu drzewka, krzewów, kwiatków. Tylko pośrodku „altanka dla muzyki ", jako początek ogrodu, i obrzydliwy parkan wokoło.(광장은 미래의 싹이라도 되는 듯 텅 빈 곳에 많은 쓰레기, 흙, 모래가 쌓여 있고, 잡초가 무성하며 아무 데도 어린나무, 가시나무 새, 꽃이 없다. 다만 중앙에 새싹과 같은 "음악을 위한 정자"가 서 있지만 주위에 혐오스러운

보령망육순寶齡望六旬 어극사십년칭경기념御極四十年稱慶記念. 즉
연세 51세에 기로소耆老所에 들고 즉위 40년의 경사를 기념하기
위하여 관민官民들을 위한 시위군악대의 연주 장소로 팔모정23)을
세워 음악을 위한 정자가 서 있다고 하고, 또 서양의 근대적인 개
념의 공원보다는 기념비적인 성격을 띠고 공원을 벽돌담으로 쌓아,
주위에는 혐오스러운 울타리가 둘려 있다고 한 것이다.24)

1922년 12월 3일 자 시사주보時事週報 동명東明도 "公園이라고
는 말쑨이요 벽돌담을 놉직히 싸코 四方 門을 꼭 닷어 두엇섯스나
軍樂隊가 그 겨트로 옴겨온 뒤에 비롯오 公園 한복판에 純 朝鮮式
八角亭으로 音樂堂을 新築하얏다."25)라고 하였다.

공원의 공사 책임자는 내부 기사 심의석沈宜碩이었으며, 또 영
국 에버딘(Aberdeen) 출신의 데이비슨(Henry William Davidson
대복삼戴福森 1878.11.?~?)26)은 브라운 밑에서 두등頭等(일등)
방판幇辦(Assistant)으로 해관海關에서 근무하면서 경운궁의 석
조전 건축 감독과 탑골공원 조성에 참여한다.27) 공사는 광무 7
년(1903년) 6월 황토현 신작로의 기념비전紀念碑殿을 지은 도편

울타리가 둘려 있다.)

23) 천원지방(天圓地方)의 원(圓)과 방(方)은 하늘과 땅을 뜻하며 팔각은 하늘과 땅 사이에서 하늘
의 뜻을 전하는데 원형이나 팔각은 하늘과 소통하므로 그런 건물은 제후국에서 지을 수가 없
다. 광무황제 폐하의 황명에 의해 건축된 팔모정(八角亭)은 이러한 상징성과 영·정조의 위민
(爲民)의 민국사(民國事) 즉 나라의 주체인 소민(小民)과 군주를 위한 정치를 실현하고자 한
건축물이다.

24) 『코레야 1903년 가을』 바츨라프 세로셰프스키, 김진영, 안상훈, 안지영 역 개마고원 2006 p391

25) 『동명』 동명사 1922(대정 11) 12.3. 마이크로필름(No5) 국회도서관 제14호「조선 양악의 몽환
적 내력」(2) 일기자(一記者) p12 군악대는 광무 7년(1903년) 봄에 이전하였다.

26) 광무 5년(1901년) 2월 이후에 들어와 일제 강점기에도 세관 관리로 있었고 1919년 4월 16일부
터 벨기에 영사로 14년간 있었으며 해방 후에는 미 군정을 도와 한국 세관을 새로 조직하는 데
중추적인 역할을 하였다. 그의 딸 조안 비다 데이비슨(Joan Vida Davidson 1915.9.19~1976.2.2)
은 호레이스 그랜트 언더우드(Horace Grant Underwood)와 1941년 7월 10일 결혼한다.

27) 『조선인사흥신록』 조선신문사 편 조선인사흥신록편집부 1935(소화 10) p313

수 최백현崔伯鉉과 임배근 부친, 임배근林培根(1883~?) 등에 의하여 팔모정 건축을 착수한다.

[그림 7] 팔모정과 원각사지십층석탑 사이 서쪽에 흙무지가 있는 광무 8년 (1904년) 5월

광무 8년(1904년) 여름을 지나 석탑 주위의 보행로 밖으로 잔디밭을 만들기 위하여 탑을 중심으로 원을 그리고 잔디를 심은 모습도 보이고, 담장 넘어 맞배지붕의 군악대 부속건물과 남문 옆까지 이어진 건물들이 보인다.

석탑의 돌난간은 광무 7년(1903년) 5월 8일 방문한 거트루드 벨 (Gertrude M. Bell)의 사진에 석탑 주위로 석재를 모으는 듯한 모습이 있고, 광무 9년(1905년) 3월 중순 기함旗艦 퓌르스트 비스마르크(Fürst Bismarck) 호의 몰트케 백작(Moltke, Heinrich Leonhard Graf von 1854.9.15~1922.4.9) 부사령관과 여러 장교들이 서울을 방문하여 석탑 오른쪽에 서남향으로 3개의 기둥을 받친 음향판인 호리존트(Horizont)에 프란츠 에커트(Franz Eckert 1852.4.5~1916.8.6)[28]가 지휘하는 시위군악대가, 팔모정에는 독일 해군군악대가 자리하여 교환연주를 하였는데, 호리존트 옆으로 연주 때 사용된 듯한 지붕 서까래가 비치는 가가假家가 있는 사진을 보면 돌난간이 완료되어 있어, 가을 겨울에 걸쳐 완공된 듯 보인다.

[그림 8] 대원각사비를 살펴보는 남궁억과 붉은 벽돌로 쌓은 담장 광무 8년(1904년) 5월 『THE STORY OF KOREA』 Joseph H. Longford T. Fisher Unwin 1911 p212 서울역사박물관

한편 대원각사비는 묻히는 것을 방지하기 위하여 장대석으로 단을 쌓아 흙막이를 해놓았으며, 팔모정 외에 북문 서쪽 흙무지 앞에 기둥이 여덟 개인 팔모 지붕의 모사茅榭가 있고, 또 서남쪽으로 팔모정과 시위군악대 중간쯤에 육모 지붕의 초정[29]이 하나 더 있었다.

광무 8년(1904년) 9월 30일 입국한 메가타 다네타로目賀田種太郎(1853.7.21~1926.9.10)를 10월 15일 탁지부度支部 고문관으로 고용하여 10월 27일 관제리정소官制釐正所 의정관議定官으로 임명

28) 『KOREA: FACT AND FANCY』 BY Dr. HORACE N. ALLEN METHODIST PUBLISHING HOUSE 1904; Horace Allen Papers The New York Public Library 1984 MF005988~MF005996 PART Ⅱ(국회도서관) "1901 Feb 19 Franz Eckert, (German) arrived to instruct Koreans in foreign music. He organized the Imperial Band." p214; 『The Korea Review』 Homer B Hulbert 경인발행사 1986 vol. 1 News Calendar p74; 『구한국 외교문서』 권16 덕안(2) 고려대학교 아세아문제연구소 1966 p239(서고 659-10-16. c2)

29) 『ろせった丸滿韓巡遊紀念寫眞帖(로제타마루만한순유 기념사진첩)』 동경조일신문사 1906 p71

되어 근무하다가, 광무 9년(1905년) 봄 일본으로 돌아가 3월 14일 '재정통일방침' 10개 항의 각서를 받아 돌아와, 7월 26일경 궁내부 관리와 군인의 봉급을 올려주고 군악대에 여러 종류의 악기를 사고, 악졸樂卒에게 매월 장상금獎賞金을 지급한다.

[그림 9] 광무 8년(1904년) 여름 석탑을 중심으로 보행로를 만들기 위해 그은 둥근 선과 왼쪽 끝 남문 모습

동시에 탑동공원을 정비하고 팔모정 음향이 불량하다 하여 20평의 목제 음악당30)을 원각사지십층석탑 오른쪽 담장 앞에 세우는데, 탑골공원이 해관 소속이고 총세무사 맥리비 브라운(Sir John Mcleavy Brown)이 해고되자 11월 30일에 총세무사를 겸임하는데, 그 건축 시기는 광무 10년(1906년) 10월 6일 팔모정에서 열린 '광무십년기념연주' 사진에 음악당 모습이 보이지 않아 광무 11년(1907년)으로 짐작

---

30) 『조선풍속풍경사진첩』 1권 히노데쇼교(日之出商行) 편 간사자 미상 1914 p7; [그림 13] 음악당의 둥근 지붕을 받친 2개의 기둥과 무대 난간이 보이는데 메가타 다네타로(目賀田種太郎)는 융희 원년(1907년) 11월 9일 돌아간다.

된다. 이 호자瓠子(바가지)식 음악당은 1911년 3월 일본인들이 서울을 여행한 기념 사진첩에 그 모습이 보인다.[31]

[그림 10] 보행로 밖으로 줄떼로 심은 잔디 광무 8년(1904년) 유물번호 고궁 572 국립고궁박물관

이후 일제는 1916년 3월에 임시로 세워져 있던 호자식 목제 음악당을 헐어버리고, 용산의 일본군 사령부에 있던 음악당을 이전하여 세워[32] 6월 1일부터는 야간 개원開園의 기회로 일주일에 한 번씩 목요일마다 오후 8시부터 10시까지 여러 가지 곡을 연주하게 되고, 이 음악당은 1966년 대한 뉴스 삼일절 행사까지 모습이 보이는데 1967년 파고다 공원 단장 때 철거된다.

---

31) 『조선실업시찰단기념사진첩』 마쓰시타 나가히라(松下長平) 저 민우사 1911 p15

32) 『매일신보』 1916년 3월 17일 3면 「탑동공원의 춘광과 신성(新成)한 음악당」 토목건축 청부업자인 니후쿠 니스케(荷福仁助)가 이전 공사를 한다.

4. 내부 기사 심의석의 약력

내부 기사技師 심의석沈宜碩(1854.8.3~1924.7.21)은 철종 5년(1854년) 8월 3일 한성 남서南署 명례방明禮坊 명례계 명동 제43통 제6호戶에서 태어나, 여덟 살부터 공부를 시작하여 고종 21년(1884년) 31세까지 지내면서 목수木手 일을 한 것으로 보인다. 고종 24년(1887년) 8월 배재학당 강당을 송헌성宋憲成이 감독을 맡고 도편수 심의석과 그 밑에 목수 김덕보金德甫가 아펜젤러(H. G. Appenzeller 1858.2.6.~1902.6.11) 교장의 지휘로 착공하여 약 100평의 강당을 11월 1일 준공한다.

고종 26년(1889년) 잠시 공업에 종사하다가 5월에 36세의 나이로 무과에 응시하고 12월에 급제하여, 고종 27년(1890년) 4월 1일 송의철宋義哲, 권해운權海雲과 같이 창덕궁 위장衛將으로 보직을 받으나, 5월 6일 신병身病으로 직임職任을 수행하기 어렵다고 번을 바꾸는 체직替直을 청하여 교체된다.[33]

[그림 11] 북문 흙무지 앞에 팔각형의 모사(茅榭)가 있다.

---

33) 『승정원일기』 고종 27년(1890년) 4월 1일(음력 윤12월 12일), 5월 6일(음력 3월 18일)

고종 32년(1895년) 5월 28일 내부 기수技手 판임관判任官 6등에 서임되고, 9월 7일 내부 기사技師 주임관奏任官 6등으로 진급한다. 건양建陽 원년(1896년) 7월 2일에 독립협회 간사원幹事員이 되고, 광무 원년(1897년) 4월 초 서소문 길 안팎을 재고 집 칸수를 확인하고, 6월 20일 선희궁宣禧宮 신탑神榻 이건 시 별감동別監董이 되고, 7월 18일 승륙陞六하라는 조령이 내려 10월 8일 6품에 올라 경운궁慶運宮(덕수궁) 감동監董이 되고, 광무 2년(1898년) 1월 독립문을 세우는데, 기금이 모자라자 사비 1,000원을 보태 공사를 마친다.

[그림 12] 탑골공원 서남쪽 팔모정과 시위군악대 중간쯤에 육각형의 초정(草亭)이 있다. 광무 10년(1906년) 8월 4일『ろせった丸滿韓巡遊紀念寫眞帖(로제타마루만한순유기념사진첩)』동경조일신문사 1906 p73

4월 18일 주임관 5등으로 승급되고 5월 관립어학교 대운동회에 기부하고, 12월 12일 정3품에 올라 경효전景孝殿 감동이 되고, 광무 3년(1899년) 4월 19일 주임관 4등에 광무 4년(1900년) 5월 24일 주임관 3등에 승급되고, 9월 2일 홍릉을 천봉遷封하기 위해 길을 닦는 일이 시급해, 토목국장 윤진석尹瑨錫과 같이 파견을 상주

上奏하여 9월 5일 파견된다.

광무 5년(1901년) 9월 7일과 광무 6년(1902년) 10월 18일 만수성 절萬壽聖節에 칭경기념은장稱慶記念銀章을 받는다. 광무 7년(1903년) 12월 30일 비원秘苑 감동이 되고, 광무 8년(1904년) 1월 명헌태후明憲太后(洪氏 1831~1904.1.2)[34]의 산릉도감山陵都監 감역監役을 맡고, 5월 19일 위생청결소衛生清潔所 사무위원이 되고, 11월 14일 원소도감園所都監 별간역別看役이 되고, 광무 9년(1905년) 3월 2일 종2품에 오르고[35], 관제리정안官制釐正案 반포로 3월 4일 내부 기사 주임관 3등에 다시 임용되고, 7월 5일에 광장회사廣長會社 감사로 역임한다.

광무 10년(1906년) 4월 21일 토목건축(주)의 설립 발기인에 참가하고, 6월 29일 주임관 2등에 승급되고, 광무 11년(1907년) 6월 17일 경빈례장소慶嬪禮葬所 감동이 되고, 7월 2일에 주임관 3급 봉을 받고, 8월 30일 칙임관勅任官 3등에 올라 영선사장營繕司長이 되고, 10월 창덕궁 수리를 심사하고, 융희 2년(1908년) 2월 7일 훈3등 팔괘장을 특별히 받고, 영선사 주사 2인의 부정으로 사직상소를 올려 4월 16일에 의원면직 되었다가 5월 20일경 환임還任되고, 7월 19일 한성재목시탄漢城材木柴炭(주) 감사로 추선된다.

6월 20일에 기호학교畿湖學校 설립에 찬무원贊務員으로 10월 5일 주임관 1등에 오르고, 10월 26일 기호흥학회 특별총회 본회특별찬성회원으로 융희 3년(1909년) 4월까지 참여하고, 5월 상동청년학원과 공옥남여학교 운동회에 조반과 오찬을 전담하고, 7월 도로보수에 참여하고, 융희 4년(1910년) 2월 일본 시찰 예정으로 준비를 한다.

---

34) 헌종(憲宗)의 계후(繼后)로 경운궁 인수당(壽仁堂)에서 승하(昇遐)하였다.
35) 『황성신문』 4월 8일 「서임급사령」 3월 2일부로 소급 적용되었다.

[그림 13] 호리즌트가 없어진 후 광무 11년(1907
년)경 메가타(目賀田)가 추진한 것으로 알려진 호자
식 음악당

　　일제에 강점된 후 1911년 2월 1일부터 1919년 9월 10일까지 경
성부 참사(66세)로 있었고, 1911년 8월 2일 엄비嚴妃의 장의위원으
로 참여한다. 1924년 7월 21일 숨을 거두어 경기도 양주군 회천읍
회암리檜岩里에 묻힌다.[36]

[그림 14] 융희 2년(1908년) 6월 8일 서울을 방문
한 앨런 마리 헤이즈 팩(Ellen Mary Hayes Peck)
의 『Travels in the Far East(극동 여행)』 New York
T. Y. Crowell & co 1909 p324

36) 『건축사』 통권 219호 대한건축사협회 1987.6 「기획연재②: 한국 근대건축의 재조명(A Study
　　on the Modern Architecture of Seoul)(Ⅱ)」 김정동 p160

5. 시위군악대 건물과 연주기록

시위군악대는 처음 경복궁 앞 지금의 정부서울청사 자리인 시위 제2연대 제2대대 건물 일부를 사용하다가 경운궁慶運宮 선원전璿源殿과 혼전魂殿 쪽의 문인 영성문永成門 앞 즉 지금의 옛 경기여고 터와 덕수초등학교 앞 뒷골목에 있는 건물로 이전37)하였고, 여기서 협소하여 탑골공원 입구 서남쪽인 종로2가 37번지 해관 부속병원으로 개축하여 두었던 건물을 군악대 악사樂舍로 쓰기 위하여38) 전면 5칸 측면 2칸의 벽돌벽 팔작지붕에 가운데 출입문과 좌우 두 칸에 세로로 긴 유리창이 있는 본 건물과 부속건물들을 수리한다.

[그림 15] 탑골공원 서문 앞 시위군악대 행랑채 앞에서 프란츠 에커트(Franz Eckert)를 비롯하여 백우용(白禹鏞)의 지휘로 연주하는 시위군악대 한스-알렉산더 크나이더(Hans Alexander Kneider) 교수님 소장

---

37) 『월간 음악』 12월호 통권 27 월간음악사 1972 「이 땅에 음악의 씨앗을 뿌려준 은인 프란츠 에케르트」 남궁요열 p64; 『음악 교육』 7월호 단행본 부록 세광출판사 1987 「개화기의 한국음악-프란츠 에케르트를 중심으로」 남궁요열 p54, 55

38) 『동명』 동명사 1922(대정 11); 마이크로필름(No5) 국회도서관 「조선 양악의 몽환적 내력」 일기자(一記者) 제14호 p12

광무 6년(1902년) 12월 1일 황성신문은 '軍樂移所 軍樂隊 營門을 塔洞公園地 西邊 新建洋屋으로 移設홀 次로 方今 董役ᄒ더라' 하고 『The Korea Review(한국 평론)』 1902년 12월호 뉴스일지(News Calendar)에 '프란츠 에커트 군악 교사의 지휘 아래에 있는 한국 군악대는 파고다 공원 병사兵舍에서 연주하게 되었다.'라 하며, 광무 7년(1903년) 봄에 이전하여 이왕직 양악대로 1919년 9월 12일까지 있다가 해산되어 악사樂舍 및 숙소 등은 후에 폐가처럼 방치된다.

한편 교토京都제국대학을 졸업하고 돌아온 이범승李範昇(1887.8.29~1976.9.3)이 새로운 지식의 보급과 개발을 목적으로 조선총독부로부터 공원 부지 530.5평(1,754㎡)과 건물을 무료로 대여 받아 시위군악대 건물을 본관으로, 취운정 경성도서관을 분관으로 하여 1921년 9월 10일부터 신문 잡지 열람실을 열고, 9월 21일 재정립하여 12월 15일부터 정식 개관한 우리나라 근대 도서관인 경성도서관이 되었다.

1923년 7월 1일 취운정 분관을 폐관하고, 휘문학교 설립자인 민영휘閔泳徽로부터 건축비 1만 원과 조선교육회 및 여러 인사의 희사와 은행대부로 가을에 착공하여, 1923년 7월 28일 건평 135평(446.3㎡)의 302석 열람실, 신문실 서고 휴게실 등을 갖춘 석조건물과 40평(132.3㎡)의 시위군악대 건물을 개수하여 아동실로 준공한다.

그러나 은행 이자로 늘어난 부채로 인한 재정난으로 1926년 3월 25일 경성부京城府에 양도되어 경성부립도서관 종로분관이 되고, 8·15광복 후 1945년 12월 20일 서울시립종로도서관으로 되고, 1949년 8월 15일 서울특별시립종로도서관으로 개칭되었으나, 1967년 10월 2일 도시계획에 의해 참담하게 시위군악대侍衛

軍樂隊 건물은 철거되고[39] 파고다 아케이드(Pagoda Arcade)가 신축된다.

5.1 시위군악대 및 제실 음악대[40]

프란츠 에커트(Franz Eckert)가 이끄는 시위군악대의 연주는 광무 9년(1905년) 3월 기함旗艦 퓌르스트 비스마르크(Fürst Bismarck) 호의 몰트케 백작(Moltke, Heinrich Leonhard Graf von 1854.9.15~1922.4.9) 부사령관과 여러 장교들은 서울을 방문하여, 15일 독일공사관에서 열린 잘데른(Conrad von Saldern 1847.1.3.~1908.6.8) 변리공사가 주체하는 파티에 참석한다.

[그림 16] 광무 9년(1905년) 3월 중순 시위군악대와 퓌르스트 비스마르크 호 군악대가 교환연주를 했던 팔모정과 오른쪽에 음악당인 호리존트(Horizont)가 보인다.

---

39) 『종로도서관 육십년사』 종로도서관편집위원 종로도서관 1980 p109 폭 40m의 삼일로 도로 계획에 따라 시위군악대 대지 1,754㎡(530.585평) 중 약 56%인 983㎡가 도로에 편입된다.

40) 이하는 시위군악대의 맥을 계승한 악대가 탑골공원에서 연주한 사실(史實)을 일부 소개한 것으로 자세한 내용은 '『대한제국의 양악 도입과 그 발자취』 최창언 지음 한국학술정보 2020'을 참고하시기 바랍니다.

이어 탑동공원에서 독일해군 일행과 우리 정부의 고위관리 각국 주재 공영사公領事 그 밖에 내외 귀빈들이 참석한 가운데 석탑 오른쪽에 서남향으로 3개의 기둥을 받친 음향판인 동판銅版 호리존트(Horizont)에는 프란츠 에커트(Franz Eckert)[41]가 지휘하는 시위군악대가, 팔모정에는 독일 해군군악대가 자리하여 교환연주가 열렸다.

1930년 4월 24일 자 중외일보中外日報의 구한국시대 군악대장 백우용씨의 타계 기사에 의하면 탑동공원 팔모정에서 광무 10년(1906년) 10월 6일 '광무십년기념연주'가 열린다.[42] 일제의 영자 기관지인 『The Seoul Press(서울 프레스)』에 게재된 탑동공원의 연주회는 광무 11년(1907년) 5월 18일 시위군악대(Imperial Military Band)의 연주시간은 토요일 오후 4시 30분부터다.

[그림 17] 음악당 호리존트

1. 행진곡 프리드리히 황제(Marsch. Kaiser Friedric), 프리드만(Friedmann)
2. 서곡 잔 다르크(Overture. Jeanna d'Arc), 케셀즈(Kessels)
3. 왈츠 칼리오스트로(Waltzer. Cagliostro), 슈트라우스(Strauss)
4. 헝가리 무곡 6번(Ungarischer Tanz. No.6), 브람스(Brahms)

---

41) 『KOREA: FACT AND FANCY』 BY Dr. HORACE N. ALLEN METHODIST PUBLISHING HOUSE 1904; Horace Allen Papers The New York Public Library 1984 MF005988~MF005996 PART Ⅱ(국회도서관) "1901 Feb 19 Franz Eckert, (German) arrived to instruct Koreans in foreign music. He organized the Imperial Band." p214; 『The Korea Review』 Homer B Hulbert 경인발행사 1986 vol. 1 News Calendar p74; 『구한국 외교문서』 권16 덕안(2) 고려대학교 아세아문제연구소 1966 p239(서고 659-10-16. c2)

42) 『뮈텔 주교일기』 4권 한국교회사연구소 역주 한국교회사연구소 1993 p81, 82

5. 가보트(Gavotte), 마티니(Martini)
6. 환상곡 트루바도르(Fantaisie. Troubador), 베르디(Verdi)
7. 아라베스크 카드리유(Arabesken Quadrille), 부디크(Budick)
8. 로망스(Romanze), 바흐(Bach)
9. 행진곡 아탈리아(Marsch Athalia), 멘델스존(Mandelssohn)

이후 연주기록이 보이지 않다가 8월 1일 군대 해산으로 시위군 악대도 8월 28일부로 해산되었다가 궁내부 소속 제실 음악대로 되어, 융희隆熙 2년(1908년) 8월 7일 파고다 공원 소관인 관세국關稅局은 8월 13일부터 매주 목요일 오후 5시부터 6시 반까지 제실 음악대의 연주가 열리는 것을 통지한다.

接受 第七三〇號
總理大臣　書記官長　局長　課長

本局 所管 파고다 公園에셔 來 八月 十三日(木曜日)로 爲始ᄒ야 爾後 每 木曜日 午後 五時부터 六時 半ᄭ지 宮內府 樂隊의 音樂을 演奏ᄒ고 公聽을 廣開ᄒ옵기 玆에 通知홈
隆熙 二年 八月 七日

關稅局

內閣　御中43)

대한매일신보도 8월 9일 '연주회 명일程日 오ᄂᆞᆫ 십삼일브터 관세국에 소관되ᄂᆞᆫ 공원 안에셔 궁ᄂᆡ부 음악 연주회를 기開ᄒᆞᆫ다ᄂᆞᆫ되 일즈와 시간을 미양每樣 목요일 오후 오시로 작뎡하엿다더라' 하고44) 12일에는 '음악 통텹通牒 관세국 소관으로 슈동에 잇ᄂᆞᆫ 공원

43) 『내각왕복문』 규17755-v.1-7 내각(조선) 편 67a면 1책
44) 『황성신문』 융희 2년(1908년) 8월 9일 2면 「공원연주」; 『대한매일신보』 2면 「공원 연주회」

에셔 궁뇌부 음악듸가 미양 목요일이면 음악연주회를 홀 터이니 와셔 드르라고 각부로 통텹ᄒ엿다더라' 하고 있다. 그러나 연주기록은 보이지 않다가 에커트가 일본에서 휴가를 보내고 돌아와 탑동공원에서 9월 3일 금요일 오후 5시부터 6시 30분까지 연주회를 연다.

[그림 18] 광무 10년(1906년) 10월 6일 '광무 10년 기념연주'에 군악 교사 프란츠 에커트, 3등 군악장 군악중대부 백우용, 에커트 뒷줄 시위 제1연대 군악중대장 김학수, 진위 제3연대 제1대대장 부령 장봉환, 평리원 재판장 육군부장 이윤용, 불명의 장관(將官), 앉은 한성관립법어학교 교사 에밀 마르뗄, 뒤 광학국 감독 알퐁스 트레물레(A. Trémoulet), 두 사람 건너 한성관립 덕어학교 교사 요하네스 볼얀(Johannes Bolljahn) 등이 참석했다.

프로그램
1. 영웅 행진곡(Heroi cher Marsch), 슈베르트(F. Schubert)
2. 서곡 발렌슈타인의 진영(Overture. Wallensteins Lager), 커링(S. Kerling)
3. 왈츠 남국의 장미(Walzer. Rosen aus dem Suden), 슈트라우스(Z. Strauss)
4. 경기병의 기행(騎行)(Husarenritt), 스핀들러(A. Spindler)
5. 로망스(Romanze), 바흐(E. Bach)

6. 사자의 기상(Reveil du Lion), 콘스키(A. Kontsky)
7. 콘서트 갈롭(Conzert Galopp), 볼프 강(W. Gang)
8. 대한제국 애국가(Korea National Anthem)[45]

연주 마지막 순서에 대한제국 애국가(Korea National Anthem)를
연주하고 있으며, 이후 11월 11일까지 10회의 연주회가 목요일에
더 열렸고, 군악대는 늘 오후에 연습 연주를 하였다.[46]

5.2 이왕직 양악대

탑골공원은 1911년 4월 1일부터 개방했지만[47] 연주기록은 보이지
않고, 종래 일요일만 개방하던 것을 1913년 7월 1일부터 9월 30일까
지 매일 오전 8시부터 오후 7시까지 개방을 하고[48], 8월 29일부터 10
월 그믐까지 밤 11까지 개방하여, 일요일에는 오후 7시에서 9시까지
일본 육군군악대와 이왕가 악대가 교대로 연주한다고 하고 있다.

1913년 8월 31일 탑동공원 연주곡목

1. 행진곡
2. 서악 백의(白衣)의 부인(La Dame Blanche),
   보엘디외(François Adrien Boieldieu)
3. 무곡, 요한 슈트라우스(Johann Baptist Strauss)
4. 우에헤베두 가부키(歌舞妓) 가극, 에루겟도

---

45) 『The Seoul Press』(1906.12.5~1937.5.30) 한국학문헌연구소 아세아문화사 1988(국회도서관)

46) 『KOREA』 Constance J. D. Coulson Adam and Charles Black 1910. The Sights of Seoul "It occupies a piece of ground which lately been turned into a public garden, and where the German-trained royal band plays every afternoon." p59

47) 『매일신보』 경인문화사 1986. 1911년 4월 2일 2면 「탑동공원 개방」; 『경남일보』 1911년 4월 7일 2면 「탑동공원 개방」

48) 『조선총독부관보』 1913년(대정 2) 7월 26일 「휘보 관청 사항」 p266; 『매일신보』 경인문화사 1986, 1913년 7월 26일 「탑동공원 개방」

5. 즉위 행진곡(Coronation March), 마이어베어(Meyerbeer)
6. 마리아녀 5소쿄쿠(箏曲), 모리(森)
7. 군악, 아쓰헤루
8. 일본 속요 오키나카 시라호(沖仲白帆), 동인(仝人)
9. 가로쓰푸 군인의 수하(誰何), 가우쓰 등[49]

[그림 19] 1916년 3월 호자식 음악당을 철거하고 그 앞에 용산 일본군 사령부에서 이전하여 세운 음악당

9월 14일 일요일 오후 7시 30분부터는 이왕직 음악대의 공개 연주가 있다고 한다. 1915년 7월 8일 하오 8시 연주 곡명은 다음과 같고, 강점된 후 마지막에는 기미가요君が代를 연주한다.

1. 전장 활발
2. 에치고지시(越后獅子 일본 악곡)
3. 세미라미스 서곡(Overture Semiramis)
4. 춤곡조
5. 극곡조

---

49) 『매일신보』 1913년 9월 1일 2면 「탑동공원의 연주」

6. 바다 밖의 흰 돛대(沖仲白帆 일본 악곡)
7. 서곡 포르티치의 벙어리 소녀(La muette de Portici)
8. 서반아 무도곡
9. 육군 암호
10. 기미가요(君が代 일본 국가)

한편 일제는 1916년 3월 탑동공원에 임시로 세워져 있던 호자弧子
식 목제 음악당을 헐어내고 용산의 일본군 사령부에 있던 음악당을
이전하여, 6월 1일부터는 야간 개원開園의 기회로 일주일에 한 번씩
목요일마다 오후 8시부터 10시까지 여러 가지 곡을 연주하게 된다.
6월 1일 제1회 연주곡목은 다음과 같다.

1. 행진곡 일본육군분열행진곡
2. 나가우타(長唄) 에치고지시(越后獅子)
3. 왈츠곡 다니엘
4. 하우타(端唄) 하루사메(春雨)
   30분간 휴식
5. 극곡 편복(蝙蝠) (Fantasie Feldermause)
6. 서곡 향연
7. 탄곡(歎曲) 전서구(傳書鳩)
   (No. 14 Die Taubenpost, Schwanengesang D.957)
8. 서곡 마리타나(Ouverture Maritana)
9. 카드리유곡 고학생(Quadrille Bettelstudent)
10. 폴카곡 소객(騷客)의 쾌활
11. 기미가요(君が代)[50]

8일·15일·22일·29일, 7월 6일·13일·20일, 8월 2일·17
일·25일·31일 연주를 하고 9월 5일에는 공원 주악 정지, 목요
일부터는 행치 않는다 하고 있으며, 1917년은 7월 20일부터 9월

---

50) 『매일신보』 1916년 5월 31일 3면 「탑동공원의 주악」

말일까지 지난해와 같이 연주를 한다고 하였으나, 9월 20일(목)
연주기록만 보인다.

1917년 9월 20일(목) 군악대 야외 주악 파고다 공원 연주곡목

1. Musian March(뮤산 행진곡), Carl(칼)
2. Japan Song Harusame(하루사메 春雨)
3. Kaiser Walzer(황제 왈츠), Strauss(슈트라우스)
4. Ouverture Die Iustige Wieber Windsor(서곡 윈저 가의 유쾌한 아
   낙네들), Nicolar(니콜라)
5. Korean Song Pangaka(방아타령)
6. Fantasie Tanhauser(환상곡 탄호이저), Wagner(바그너)
7. Hermenen Quadrille(헤르미넨 카드리유). Ivanovici(이바노비치)
8. Intermezzo Cavalleria Rusticana(카발레리아 루스티카나의 간주
   곡), Masgagni(마스카니)
9. Ouverture Die Sanger-fahrt(가수의 여행), Conradi(콘라디)[51]

[그림 20] 1919년 9월 12일 해고되기 전 악사(樂舍) 옆에서
연주하는 이왕직 양악대 백성빈 씨 소장

---

51) 『음악과 현실』 박용구 평론집 박용구 저 민교사 단기 4282년(1949년) 「이 태왕과 군악대」 p120

5.3 경성악대

이왕직 양악대에서 수년 동안 여름에 매주 목요일 탑골공원에서 열리던 연주회가 작년에 중단되자, 동아일보의 후원으로 1920년 6월 10일 목요일 8시 20분부터 탑동공원에서 제1회 납량음악연주회를 시작으로 9월 9일까지 7회에 걸쳐 연주회가 열렸고, 1921년에도 동아일보 후원으로 7월 7일부터 탑동공원에서 납량음악연주회가 9월 15일까지 11차례 연주회가 열렸다.

1923년 7월 28일 경성부京城府에서 부민위안연주회를 해마다 봄, 여름, 가을에 열기로 하고, 매월 제1 목요일 남산공원・제2 목요일 탑동공원・제3 목요일 장충단공원에서 여는데, 남산공원에서 오는 8월 2일・12일・23일, 9월 2일・13일・23일에 열릴 예정이고, 탑동공원은 8월 5일・16일・26일, 9월 6일・16일・27일 예정이며, 장충단공원은 8월 9일・19일・30일, 9월 9일・20일・30일 예정이다.[52]

1924년 8월 15일 금요일 탑동공원 18일 월요일 남산공원에서 8시부터 10시까지 시민 위안과 악대의 존재, 오늘날의 비참한 현실을 알리려고 서양 명곡들을 연주한다. 8월 22일 탑동공원의 납량 연주에 성황을 이루어 백우용 씨가 단상에 나타났을 때 우레와 같은 박수를 받았고, 25일에는 남산공원 차례였다. 9월 2일 남산공원에서 납량 연주가 있었고, 6일 종로청년회에서 경성악대 주최로 남녀자유무도대회를 열었다.

9월 27일부터 10월 18일까지 경성부 주최로 각 공원에서 시민을 위하여 음악회를 여는데 일정은 다음과 같다. 9월 27일 밤 7시 반부터 8시 반까지 탑골공원, 28일 하오 1시부터 6시까지 장충단, 10월

---

52) 『매일신보』 1923년 8월 6일 3면 「삼공원에서 납량 음악」

11일 하오 1시부터 6시까지 탑골공원, 12일 하오 2시부터 6시 30분까지 장충단, 16일 하오 1시부터 10시까지 남산공원, 17일 하오 1시부터 6시까지 남산공원, 밤 7시 반부터 10시 반까지 용산 삼각지, 18일 하오 2시부터 10시까지 경성신사로 일정이 계획되어 있다.

1927년 경성부 주최 시민 위안 납량음악회를 8월 12일부터 19일까지 오후 8시부터 개최하기로 하고 12일 남산공원 양악 및 샤쿠하치尺八53), 13일 파고다 공원 양악 및 조선악, 14일 어의동공보교정於義洞公普校庭 양악 및 조선악, 15일 충무로인 본정本町 5정목 양악 및 샤쿠하치尺八, 16일 부청府廳 앞 양악 및 샤쿠하치尺八, 17일 지금의 용산구 문배동인 경정京町에 양악 및 샤쿠하치尺八, 18일 마포보교정麻浦普校庭 내 양악 및 조선악, 19일 사직단 공원 양악 및 조선악이 계획되어, 양악은 경성악대의 김창희金昌熙가 지휘하고, 조선악은 조동석趙東奭 샤쿠하치尺八는 사토 레이잔佐藤令山이 담당하였다.54)

벚꽃놀이인 관앵觀櫻 음악회를 경성부 주최로 1929년 4월 21일 오후 2시 장충단, 22일부터는 오후 7시 반 어의동於義洞보교, 23일 사직공원, 25일 미동渼洞보교, 26일 효창보교, 27일 오후 3시 장충단에서 연주한다. 1930년 4월 22일 백우용이 장서長逝할 때까지도 악대는 해체되지 않고 글자 그대로 유야무야有耶無耶의 상태였으며, 6월 16일 오후 8시 25분 중앙기독교청년회관에서 신간회新幹會 경성지회 주최 창립3주년기념식에 각 단체에서 900여 명이 참

---

53) 샤쿠하치(しゃくはち)는 대나무로 만든 관악기로 취공(吹孔)을 비스듬히 깎아내렸으며 지공(指孔)은 전부 다섯으로 d(전개음全開音), f, g, a, c, d의 6음을 내지만 연주할 때는 지공을 전부 막지 않고 반만 막는다든가 입술의 각도를 변화시켜 6음 이외의 음을 내며 고개를 흔들어서 비브라토를 낸다.

54) 『매일신보』 1927년 8월 10일 3면 「시민 위안 납량 음악」

석한 가운데 경성악대의 주악으로 개회를 선언하였고, 9시 20분부터 주악으로 여흥에 들어가 개식開式에 소악素樂을 하고 정악正樂, 영산산조靈山散調, 최승희崔承喜 무용단의 무용, 기술奇術, 가장행렬이 이어졌고[55], 이 연주를 끝으로 더는 기록은 보이지 않고 악대를 지키던 소수 대원이 그 후 하나둘 흩어지기 시작하여, 활동사진관과 악극단으로 조선소년군 총본부 활동사진 순업반巡業班으로 광고대로 전전한다.

6. 공원의 변천

일제에 강점된 후 온실과 양악대 뒷골목에 내수사內需司 터가 있던 탑골공원은 1910년 10월 1일 조선총독부로 귀속되어 이후 공원이 훼손되는데, 1911, 12년 8월 사이에 남문 및 남문과 서문 사이 뒷골목을 서문 앞에서 막고 담장을 철거하여 공원으로 편입시키고, 남문 동쪽으로는 27.3칸(49.6m)의 담장을 철거하고 출입구를 종로로 내, 문양이 화려한 철문을 단다. 또 대원각사비 주변과 팔모정 잔디밭 뒤로 통로를 내고, 서문 왼쪽에는 공중변소와 공원 내 석등 4개소를 설치한다.

1914년 서문 오른쪽에 연못을 파 다리를 놓고, 뒤로 등나무 퍼걸러(Pergola)와 벤치를 설치하고, 북문 서쪽 흙무지 앞 팔모 지붕인 모사茅榭와 서남쪽에 있던 육모 지붕의 초정草亭을 일본식 정자인 사아옥四阿屋으로 개축[56]을 한다. 북문과 서문 중간에는 봄부터 공

---

55) 『사상에 관한 정보철』 제6책 1930 「신간회 경성지회 집회 취체 상황보고(통보) 경종경고비(京鍾警高秘) 9196호」

56) 『개벽』 제26호 1922.8 「공원 정조(情操), 하야(夏夜)의 각 공원」 짤물 p98; 『최근 경성 안내기』 조선연구회 편 조선연구회 1915 p12; 『대한민보』 1910년 1월 7일 "「한성(속)」…보보(步步)이

사를 하여 6월 8일 개업한 청목당의 탑다원塔茶園은 생맥주와 서양 요리 등을 파는데57), 일제는 이처럼 공원에 요정을 들여놓아 광무 태황제 폐하의 의지가 담긴 공원을 훼손시켰다.

정문을 들어서면 팔모정으로 향하는 길 좌우로 벚나무를 죽 심었고, 동문 앞에는 서양수수꽃다리(라일락) 벚나무를, 북문 앞은 상록수인 전나무를, 서문 앞은 벚나무 소나무 살구나무를, 석탑 좌우에는 미루나무(포플러) 한 그루씩 심었다. 또 서남쪽 전등 주위에는 단풍나무 소나무와 파초 몇 그루가 심겨 있고, 담장 밑으로는 당唐버들을 심었다. 동문에서 대원각사비 사이는 나무가 많아 여름이면 그늘이 좋아 사람들이 많이 모였고, 사아옥四阿屋은 1922년까지 보이고, 서문은 1933년 6월 5일 자 매일신보 항공사진에 보인다.

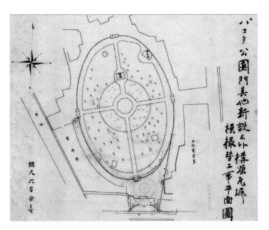

[그림 21] 피맛골 앞 민가와 남문 좌우 담장을 철거하여 출입구를 종로와 연결한다. 「파고다 공원 문 기타 신설 급 외구 연와병 모양 체공사 평면도」 1914 국가기록원

초정(艸亭)과 모사(茅榭)를 건(建)하여 공원을 성(成)하는데…" 일제는 띠(모초茅草)로 이은 팔모뿔 지붕을 사모 지붕의 사아옥으로 재축한다.

57) 『매일신보』 1914년 6월 7일 2면 「탑동 카페」 나가시마 쵸코(長島調子)가 분점을 개업한다.

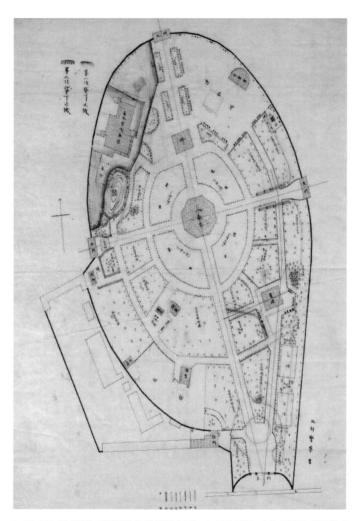

[그림 22] 서남쪽에 시위군악대 악사(樂舍)와 1919년 탑동 카페 주변을 임차하여 증축하고 조경 평면을 변경하여 담장 밑 보행로를 없앤다. 「탑동공원 각소 수선 지도(修繕之圖)」 국가기록원

1916년 3월 팔모정과 호자식 음악당 사이에 용산 일본군 사령부에 있던 음악당을 이전하여 세우고, 호자식 음악당은 철거하며, 북문 오른쪽에 등나무 그늘을 만든다. 1919년 1월에는 탑동 카페 주변 땅을 244평(807㎡)을 2차로 임차하여 끽다점을 증축한 요정 승리勝利는 여름에 아이스크림, 얼음을 채운 맥주 등을 팔았다.[58]

일제는 3·1운동 여파로 굳게 닫아 두었던 뒷문을 10년 만인 1928년 6월 5일 오후에 열었는데, 폐문 시간을 정문보다 2시간 앞당겨 닫기로 하여 4월 1일부터 30일까지와 9월 1일부터 11월 30일까지는 오전 8시부터 오후 10시까지, 5월 1일부터 8월 31일까지는 오전 7시부터 오후 11시까지, 12월 1일부터 3월 31일까지는 오전 9시부터 오후 9시까지 열기로 하였다.[59]

1929년 10월 16일에는 광무 8년(1904년) 10월 15일부터 융희 원년(1907년) 11월 8일까지 탁지부 고문으로 있었던 메가타 다네타로目賀田種太郎의 동상을 1929년 10월 16일 세웠다가, 1935년 9월 지금의 충정로인 죽첨정竹添町 조선금융조합연합회 앞뜰로 이전하여 갔으나, 1943년 9월 4일 일제는 태평양전쟁에 탄피가 부족 하자 뜯어간다.[60] 1932년 12월 21일 양식집 승리勝利를 철거하고, 관할을 총독부에서 경성부로 이관하여[61] 그곳에 1933년 5월 15일 착공하여 6월 30일 준공 예정으로 아동유원지 공사를 하여 미끄럼틀, 그네, 시

58) op. cit. 1928년 12월 1일 2면 「탑동공원의 오뇌(懊惱)! 말성되는 요정 승리」

59) 『매일신보』 1928년 6월 6일 2면 「탑동공원 후문을 작일부터 개방 탑골공원 뒤문이 열녓다 야간에만 닷는다고」; 6월 7일 2면 「탑골공원 뒷문은 열녓다 오일 오후에」

60) 『매일신보』 1943년 8월 17일 2면 「용약, 보국의 탄환에 금조(金組) 창설자 목하전남의 동상도 응소」; 8월 25일 2면 「목하전남 동상 응소 오늘 금조연합회에서 헌납 봉고제」; 9월 5일 4면 「國語每新-目賀田男の銅像應召 朝鮮に 金融組合を」

61) op. cit. 1932년 12월 22일 2면 「아동유원지로서 탑동공원 신장」

[그림 23] 1946년 2월 18일 원각사지십층
석탑 옥개석을 올리고 있는 미군 크레인소
장번호 건판 022282 국립중앙박물관

소와 풀(pool)[62] 등을 만들어 1960년대까지 아이들이 미끄럼틀을 타고 풀에서 물놀이하는 모습이 보인다.[63]

원각사지십층석탑의 상층부 3층이 내려져 있던 것은 1946년 2월 17일 오전 10시 반경, 미 군정청 학무국 교화敎化과장 유진 크네제비치(Eugene Irving Knezevich 1916.3.12~2010.6.5) 대위가 라이언(Lyon) 중위를 책임자[64]로 하여 월레(James C. Weleh)의 지휘로, 당시 미 제24 군단(XXIV Corps) 예하 제7보병사단(7th Infantry Division) 소속 1778공병대(1778th Engineer Construction Battalion) 크레인으로 3층 탑을 따로 떼어놓고, 오후 1시부터 6시까지 올려 차곡차곡 맞추고, 옥개屋蓋는 18일 오후 4시에 올려 원형을 되찾게 되는데, 이때 참관한 사람은 학무국장 유억겸俞億兼, 교화과장 최승만崔承萬, 학무국 편수관 이병기李秉岐, 진단학회위원장 송석하宋錫夏, 서울대 교수 조윤제趙潤濟, 국립박물관장 김재원金載元, 교화과 문화시설 담당 윤세구尹世九, 윤건노尹健老, 군정청 상무국 토목과 종사원 등과 장안의 구경꾼들로 인산인해를 이루었다 한다.[65]

---

62) 『조선시가지계획안 참고자료철』 1933 서울시 보관
63) 『조선중앙일보』 1933년 5월 20일 2면 「탑동공원 아동유원지」
64) 『경복궁 야화』 김재원 탐구당 1991 「특별기고 II 크네즈 박사의 회고」 p102

1956년 3월 31일 팔모정 정면에 3.6m의 기단에 2.4m의 이승만 대통령 동상이 대한소년화랑단에 의하여 세워졌다가 4·19혁명으로 1960년 4월 26일 동상이 철거되고[66], 1960년 3월 1일 3·1독립선언기념탑 기공식을 하여 1963년 8월 15일 제막을 한 기념탑은 1979년 독립문 공원으로 옮겨간다. 1966년에 손병희 선생 동상이 건립되고 1967년에 한용운 선생 기념비가 세워진다.

[그림 24] 1967년 9월 10일 종로도서관으로서 철거되기 전 시위군악대 건물 서울특별시교육청 종로도서관 소장

　　한편 김현옥金玄玉(1926.10.27~1997.1.9) 서울시장은 도심지종합개발계획의 개조지구로 지정된 파고다 공원 주변을 철거하여 1967년 4월 4일 파고다 아케이드(Arcade)를 착공하고, 종로도서관

65) 『향토 서울』 제2호 서울특별시사편찬위원회 4291년(1958년) p111, 112 「탑동공원 13층 탑과 미국 진주군의 기중기」, 「1956년(1946년의 오기) 병술(丙戌) 가람 일기초」; 『대동신문』 1946년 2월 18일 2면 「탑동공원의 명물 국빈탑 면모 회복」; 『중앙신문』 1946년 2월 20일 2면 「438년 만에 옛 자태 차즌 다보탑」

66) 『경향신문』 1956년 4월 2일 「이 대통령 동상제막 31일 탑동공원서」

도 9월 10일부터 철거하여 서쪽에서 북쪽을 지나 동문 옆까지 건축하고, 동북쪽 뒷벽에 3・1운동 부조판 12개를 설치하는 등 파고다 공원을 새롭게 단장하여, 12월 12일 박정희 대통령은 삼일문 현판식을 한다.[67]

파고다 아케이드의 사용 권한 15년이 만료되자 1983년 7월 12일부터 철거에 들어가고, 공원 앞에 붙어 있던 종로2가 우체국도 헐어 북문과 서문을 세우고 담장을 석재 난간으로 하는데, 1984년 초에는 6층짜리 파고다빌딩까지 헐어 담장을 완료하여 3월 1일 개원한다. 사문四門을 보면 전연 고증이 이루어지지 않아, 목재 기둥과 기둥 사이 벽을 벽돌로 쌓은 솟을삼문[68]이 동문의 경우 기이하게 좌우 문을 막아 방을 만들어 놓았고, 서문은 일각문一脚門으로, 북문은 사주문四柱門으로 세워지고, 남문은 삼일문이 대신하고 있다. 울타리는 장대석長臺石 위 붉은 벽돌 담장[69]이 사괴석四塊石 위 전돌塼乭에 기와를 이은 잘못을 범하였다.[70]

67) KTV 국가기록영상관-e영상역사관 1967.12.15 대한 뉴스 제653호;『조선일보』1967년 12월 12일「팔각정의 단청과 동문의 보수」담장의 개축은 도편수인 인간문화재 조원재(趙元載) 씨가 담당하였다.

68) 『사진으로 본 백 년 전의 한국』김원모 정성길 엮음 가톨릭출판사 1997 p101「158. 원각사비 1904」

69) 사진을 판독해 보면 19켜인데 당시의 벽돌규격을 알 수가 없어 조금 후대인 구 벨기에 영사관 (1903~1905)을 실측한 결과 221(226, 230) × 105(106, 111) × 57(58, 59)이며 대한의원 (1906.8~1908.10)은 220(226, 230) × 100(105, 106) × 58(60, 61)로 나와 규격이 일정치 않으나 광무 4년(1900년)에 건축된 정관헌의 규격이 230 × 110 × 55이므로 이를 따르면 벽돌담은 1,235mm 갓돌은 139mm 웃기돌은 60mm이고 장대석은 팔각정의 영조척(營造尺) 307mm를 따라 더하면 약 1,741mm가 된다.

70) 『조선일보』1983년 7월 3일 10면「파고다 공원 새 옷 입는다.」; 1983년 11월 1일 10면「새로 단장한 파고다 공원」

7. 맺음말

　대한제국은 광무 2년(1898년) 원각사지십층석탑의 고적 보존 방침에 따라 많은 사람이 서로 같이 재미있게 놀고 즐길 곳爲衆人相同行樂之地으로 내부 토목국 감독하에 공원을 신설하기로 하고, 설계는 해관 총세무사이며 탁지부 재정 고문인 브라운(Sir John M. Brown)의 의견을 수용하여, 광무 3년(1899년) 6월 집들을 다 철거한다. 주변이 정리되자 광무 5년(1901년) 5월 이후로 먼저 공원 둘레를 거북 형상인 타원형으로 붉은 벽돌로 담장을 쌓고, 9월에 이르러 남북에 솟을대문이 세워지고 있으며, 광무 6년(1902년) 상반기까지 동문이 세워진다.

　팔모정 건축 시기는 세키노 타다시關野貞가 한국의 건축물들을 조사하기 위하여 광무 6년(1902년) 7월 5일 서울에 와서 조사하고 7월 22일 개성으로 떠나는데, 『한국건축조사보고』의 탑골공원 사진은 대원각사비와 원각사지십층석탑만 보인다. 광무 6년(1902년) 9월 5일 총세무사 맥리비 브라운이 경운궁의 석조전과 탑동공원 팔모정의 기단에 필요한 강화석 채취를 위하여 집조執照를 요청하고, 집조가 발부되자 이를 첨부하여 빙표憑票 발급을 요청한다.

　또한, 이탈리아 총영사인 까를로 로쎄티(Carlo Rossetti)도 11월 4일 입국하여 광무 7년(1903년) 5월까지 재임하면서 찍거나 수집한 사진에 세키노 타다시關野貞의 책에 실렸던 같은 사진을 남겼고, 이 시기에 여행한 거트루드 벨(Gertrude M. Bell)의 사진에도 원각사지십층석탑 주위에 석재를 모으는 모습에 팔모정은 보이지 않는다.

시사주보時事週報 『동명東明』은 군악대가 그 곁으로 옮겨온 뒤에 비로소 공원 한복판에 팔각정 음악당을 신축하였다고 한다. 팔모정 건축은 광무 7년(1903년) 5월 이후에 공사를 착수하여, 10월 30일 서울에 온 러시아 황실지리학회 탐사대원 바츠와프 시에로셰프스키(Wacław Sieroszewski)가 팔모정 지붕 기와를 잇고 있는 사진을 남겨, 겨울이 오기 전 11월까지 완공하였던 것으로 보인다.

팔모정이 완공되자 이듬해 봄에 공원 내 돌들을 들어내고 땅을 고르고 둥근 지경석地硬石으로 다졌으며, 광무 8년(1904년) 5월경 호주의 사진작가 조지 로스(George Rose)가 찍은 사진에 석탑의 돌난간이 아직 설치되어 있지 않다. 시위군악대 쪽은 공원과 지반 단 차이가 심하여 담장 하나의 높이가 더 보이고, 남궁억이 대원각사비를 살피는 뒤로 동문과 외부 지대가 높아 들여다보는 사람 가슴 높이까지 보인다. 여름이 지나자 팔모정과 석탑 주위를 보행로와 잔디밭으로 구분하여, 팔모정과 석탑을 중심으로 원을 그려 보행로 밖으로 잔디를 줄떼로 심었다.

광무 9년(1905년) 3월 중순 독일 해군군악대는 팔모정에, 우리나라 시위군악대는 호리존트(Horizont)에 자리하여 교환연주가 열렸는데, 3개의 기둥과 난간이 있는 동판 호리존트 모습이 보이고, 원각사지십층석탑에 돌난간이 설치되어 있다. 광무 10년(1906년) 10월 6일에는 팔모정에서 대한제국 수립 10주년을 기념하는 '광무십년기념연주'가 열렸다.

총세무사 맥리비 브라운이 해고되고 탁지부度支部 고문인 메가타 다네타로目賀田種太郎가 광무 9년(1905년) 11월 30일부터 융희 원년(1907년) 11월 9일까지 총세무사를 겸임하는데, 호리존트가 없어진 후 팔모정 음향이 불량하다 하여 호자瓠子(바가지)식 목재 음악당을 세우는데, 탑골공원이 해관 소속이기 때문에 광무 10년(1906년) 10월 6일에 열린 '광무십년기념연주' 사진에 석탑 옆으로 음악당 모습이 보이지 않아, 광무 11년(1907년)에 세워졌을 것으로 보인다. 이후 임시로 세워졌던 호자瓠子식 음악당은 목재로 낡아 헐고, 1916년 3월 용산 사령부에 있던 음악당을 이전하여 세운다.

탑동공원의 남문은 융희 원년(1907년) 11월에 제작된 '최신 경성 전도'에 타원형의 경계 선에 붉은색 문 표식이 있고, 1911년에 제작된 '용산 합병 경성시가전도'도 타원형으로 되어 있는데, 1912년에 작성된 지적도 '중부 종로 2 종목 외 6동 원도'71)에 는 피맛避馬골 앞의 집 과 남문을 철거하고 종 로와 연결이 되어있어, 1911년에서 12년 8월 이전에 철거되었고, 서 문 앞으로도 새길이 나

[그림 25] 남문이 피맛골과 연결되어 있는 탑골공원 원형(原形) 「용산 합병 경성시가전도」 1911

면서 탑골공원 쪽 담장이 헐리고 뒷골목이 공원으로 편입된다.

---

71) 국가기록원> 지적아카이브> 경기도 경성부 중부 종로2종목 외 16정-007. 1912년(대정 원년) 8월 9일 조사 완성으로 되어있다.

이로써 탑골공원의 초기 모습을 살펴보았는데 현재 많은 부분이 오류를 범하고 있으며, 정식 서양음악 교육이 이루어진 군악 학교인 동시에 시위군악대 주둔지며, 이후 경성도서관[72]이 되었던 우리나라 대표적인 역사적 도시공원(historic urban park)의 최초 음악학교와 근대 도서관이 흔적도 없이 사라져버린 근본根本도 없는 나라로, 더는 세월이 흐르기 전에 광무태황제 폐하의 위민爲民의 의지가 서려 있는 탑골공원과 시위군악대 건물을 하루속히 원형原形대로 복원하여, 110여 년 전 매주 열렸던 시민을 위한 연주회 전통을 계승하여 후손들에게 전하여야 할 것이다.

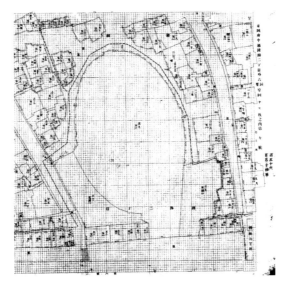

[그림 26] 정문이 종로와 연결된 탑골공원 지적도 「경성부 중부 종로 2정목 외 16정-007」 1912 국가기록원

---

72) 『(서울 탑골공원)원각사지 시굴조사보고서』 서울역사박물관 편 서울역사박물관 2002 p35, p57, p129 '마' 트랜치 서편에 잡석으로 다짐한 후 장대석을 놓아 만든 근대건축물의 기초가 노출되었는데 이는 광무 5년(1901년) 6~8월경 쌓은 탑골공원 담장 기초로 생각된다.

※ 재임 기간

· 해관 총세무사
  맥리비 브라운　　　1893.10.?.~1897.11.?.
  　　　　　　　　　1898.03.?.~1905.11.30.
  메가타 다네타로　　1904.10.15.~1907.11.9.

· 한성부 판윤
  이채연　　　　　　1896.10.06.~1898.03.10.
  　　　　　　　　　1898.04.09.~1898.11.04.
  　　　　　　　　　1898.12.01.~1898.12.15.
  　　　　　　　　　1898.12.22.~1899.01.05.
  최영하　　　　　　1899.03.01.~1899.05.29.
  이채연　　　　　　1899.09.17.~1900.08.15.(졸)

· 내부 토목국장
  남궁억　　　　　　1895.04.01.~1897.09.23.
  윤진석　　　　　　1897.12.18.~1905.10.18.(?)

Ⅱ

충의忠毅가 일성처럼
빛나던 장충단

1. 머리말

　지하철 3호선 동대입구역 6번 출구로 나와 장충단 지구대 앞에서 공원 쪽으로 조금 들어가면 장충단 비를 만날 수가 있다. 비가 있는 곳은 잔디밭으로 뒤로는 일제 강점기 때 문화재 밀반출업자인 배성관裴聖寬이 단기 4296년(1963년) 5월 15일에 세운 제일강산태평세계비와 그 뒤 장명등長明燈 2기가 같이 서 있는 것을 맞이하는데 대조선 때에 순사殉死한 장졸들을 기리는 장충단 비와 어떻게 같이 서 있게 되었는지 의아스럽다.

　장충단 비는 서울특별시 유형문화재 제1호로 고종 31년(1894년) 동학군과의 전투에서 전사한 영관領官 대관隊官 및 군졸들과 일제의 침략에 맞서던 명성황후明成皇后(1851.11.17.~1895.10.8) 폐하를 살해하려고 개국開國 504년(1895년) 10월 8일 조선 주둔 수비대 군인, 외무성 순사, 기자, 교원, 저술가 등으로 구성한 의식화된 폭도들과 훈련대를 동원하여 경복궁으로 난입하자, 광화문 앞에서 저지하던 훈련대 연대장 부령副領(중령) 홍계훈洪啓薰 등이 살해되고, 마침내 황후 폐하께서 붕서崩逝하시는 을미사변乙未事變을 당할 때, 전몰한 군졸들의 충혼을 기리기 위하여 광무光武 4년(1900년) 봄 민영환이 황제 폐하께 아뢰어 비답批答을 받아, 10월 27일

남수동南水洞 전 남소영 유지에 장충단을 세워[1], 부령副領 홍계훈
洪啓薰, 영관領官 염도희廉道希, 이경호李璟鎬를 정위正位로 대관
隊官 김홍제金鴻濟, 이학승李學承, 이종구李鍾九를 종향위從享位로
하고, 전망 군졸은 배식위配食位로 하여 군부가 춘추로 제사를 지
내던 곳이다.

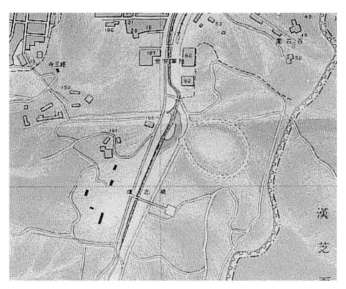

[그림 1] 검은 표식 밑에서부터 위로 요리정 처소 장충포렬 양위헌 장무당이며
장충천 석교 건너는 장충단 비다. 경성시가도 1927

그러자 이듬해 광무 5년(1901년) 2월 16일 육군법원장 백성기白
性基가 "근년에 의리를 지키다 죽은 문관들을 제단에 제사를 지내

1) 『고종실록』 40권 99장 A면 광무 4년(1900년) 10월 27일; 홍세영(洪世泳) 편저, 「장충단 사적(事
蹟)」『충의공가장(忠毅公家狀)』 v01 장서각 25b; 이민원, 「대한제국의 장충 사업과 그 이념」『동
북아문화연구』 제33집 동북아시아문화학회 2012 p135, 10월 27일 완공하여 11월 10일 첫 치제
(致祭)를 지낸 날이다.

지 않는 것에 대해 상소를 올려, 나라에 훌륭하고 충성스러운 사람을 드러내고 표창하는 것은 임금이 세속世俗을 격려하고 어리석은 사람들을 분발시키기 위함이며, 의리를 지키고 절개를 위해 죽은 신하가 있으면 사당을 세워 제사 지내는 것은 사전祀典에도 실려 있는 바로써, 이는 다만 구원九原에 있는 충혼을 위로하는 것일 뿐만 아니라 진실로 훌륭한 기풍을 세워서 천하와 후세의 신하 된 자가 떨치고 일어나고 고무시킬 수 있게 하는 것입니다."라면서 "고종 19년(1882년) 6월 9일에 일어난 임오군란에 죽은 영의정 충익공忠翼公 이최응李最應, 판서 문충공文忠公 김보현金輔鉉, 충숙공忠肅公 민겸호閔謙鎬, 참판 충정공忠貞公 민창식閔昌植과 고종 21년(1884년) 12월 4일 갑신정변에 죽은 찬성贊成 충문공忠文公 민태호閔台鎬, 판서 충문공 조영하趙寧夏, 문충공 민영목閔泳穆), 충숙공 한규직韓圭稷, 참판 충정공 윤태준尹泰駿, 충정공 이조연李祖淵, 환관 유재현柳載賢과 개국 504년(1895년)에 10월 8일 일제가 만행을 저지른 을미사변에 죽은 궁내부대신 충숙공 이경직李耕植, 시종 충민공忠愍公 임최수林㝡洙, 참령參領(소령) 충민공 이도철李道徹 등과 같은 사람은 천고에 없던 변고를 만나 목숨을 바쳐 순국한 충렬은 실로 한때의 싸움에서 죽은 장수나 군사들보다 더한 점이 없지 않지만, 단지 군사가 아니라는 이유로 유독 제단에서 제사 지내는 대상에 끼지 못한 점은 선후가 도치倒置되었다고 할 만하니, 순국한 문신들을 낱낱이 상고하여 해마다 술을 올려서 모두 의문儀文에 맞게 제사를 지낸다면 아마도 저세상에 있는 충혼과 의백毅魄을 조금이라도 위로할 수 있을 것이며, 후세의 사람들로 하여금 고무되어 흥기하게 할 수 있을 것입니다"라고 하자 광무황제 폐하께서 비답批쯤 하기를, "충성을 표창하고 절개를 장려하는 데 있어 어찌 문관과 무관을 구별하겠는가? 하여 장례원이 품처稟處 하도록 하겠다" 하였다.[2]

그런데 현재 장충단 비는 마치 무슨 기념비처럼 공원에 있는 것은 현재 우리의 인식 수준을 보여주는 것으로 참으로 안타까운 일이 아닐 수 없다. 아무리 우리가 지나간 옛일로 지금 사는 데 지장이 없고 역사를 모른다 할지라도 나라를 위해 절의를 굳게 지키며 충성을 다하여 싸운 열사들을 이렇게 대하여서 후세 누가 나라를 위해 싸우겠는가? 이제 장충단 비와 당우堂宇의 위치를 밝혀 복원의 기초로 삼고자 한다.

2. 장충단 비와 당우堂宇 건축

비 전면에는 장충단이라 새기고 후면에는 을미사변에 살해된 훈련대 연대장 부령副領 홍계훈을 위시하여 기타 위국 충신열사 혼령을 위로하는 비문이다. 전면의 장충단 전제篆題는 황태자(척坧) 전하의 예필睿筆이고 후면의 비문은 육군 부장副將(중장) 민영환의 글이며 다음과 같다.

> 삼가 생각건대, 우리 대황제 폐하께서는 자질이 상성(上聖)처럼 빼어나고 운수는 중흥을 만나 태산과 반석 같은 왕업을 세우고 불운의 조짐을 경계하였다. 그러나 어쩔 수 없이 나라의 운이 때로 험난하다가 마침내 갑오(甲午) 을미사변이 일어나 무신(武臣)으로서 난국에 뛰어들어 죽음으로 충성을 바친 사람이 많았다.

2) 『고종실록』 41권 5장 B면 광무 5년(1901년) 2월 16일

아! 그 서릿발 같은 늠름한 의열(毅烈)과 일성(日星)처럼 빛나는 명예와 절조(節操)는 길이 제향을 누리고 사서(史書)에 남겨야 마땅하다. 이리하여 폐하께서 특별히 충의를 기려 이에 불쌍히 여겨 슬퍼하는 조서를 내리고 제단을 쌓고 비를 세워 공적을 드러내 이어나가며 또 봄가을로 제사 지내는 의례를 정하여 은덕을 갚는 뜻을 보이고 풍성(風聲)을 세우니 이는 참으로 백 대를 놓고 보아도 없는 특전이다. 사기를 북돋우고 군심을 분발시키는 것은 진실로 여기에 있다. 아! 거룩하도다. 아! 거룩하도다.

[그림 2] 장대석을 육각형으로 쌓은 기단 위에 장충단 비는 높이 183cm 너비 68cm 두께 35cm이다. 「소장품번호 건판 28480」 국립중앙박물관

정일품 보국숭록대부 원수부회계국총장 겸임 표훈원총재 육군부장 훈 일등 신 민영환 삼가 칙서를 받들어 비문을 짓고 아울러 서문을 쓰다.

광무 4년(1900년) 11월 일

전면

睿筆
獎忠壇

후면
欽惟我
大皇帝陛下姿挺上聖運撫中興奠泰磐之業惕履霜之漸無奈天步時
　或迍邅乃有甲午乙未之事變[3]而武臣之投難効死者多嗚呼其毅
　烈之凜於霜雪名節之炳如日星宜乎永享芬苾不朽竹帛是以
聖明特軫襃忠之義爰降惻怛之詔設壇豎碑而表旌之繼又定春秋祀
　儀以示崇報以樹風聲此誠百世之曠典也厲士氣激軍心寔在於斯
　猗歟盛哉猗歟盛矣
　　　　　正一品輔國崇祿大夫 元帥府會計局摠長兼任表勳院摠裁
　　陸軍副將勳一等臣閔泳煥奉
　勅謹記并書
　　光武四年十一月 日

[그림 3] 기단과 문짝 기둥의 낙양을 알 수 있는 장충포렬,
「야암(夜闇)에 숨은 환락경조감【3】 일편단갈의구(一片短碣
依舊)타만 춘추치제는 어데?」『조선일보』 1927년 8월 4일

---

3) 홍세영(洪世泳) 편저,『충의공가장(忠毅公家狀)』v01 1927 장서각 26a 26b, 장충단 비에는 갑오·
　을미지사변으로 되어있으나 충의공가장에 갑신·을미지사변으로 되어있다.

장충단은 장충천을 중심으로 동쪽에 난 노폭이 세 칸(5.45m)인 도로에서 아홉 칸(16.36m) 정도 떨어진 동쪽 산기슭 아래의 잔디밭에 장대석으로 육각형 기단을 조성하여 장충단 비와 1칸짜리 단청을 한 비각을 세우고, 문주와 4면을 회색 유칠油漆한 목책을 19칸 둘러 여름철 푸른 숲속의 흰 모습이 멀리서 바라봐도 잘 보였다.

장충천 서쪽에는 각각 4층 보석步石을 만들고 황제 폐하께서 편액을 내린 장충포렬奬忠褒烈과 양위헌揚威軒 장무당壯武堂 등 당우를 세웠는데[4], 위패를 모신 장충포렬은 3층 축단築壇 위에 골 뒤로 물러앉았으며, 양위헌 장무당 축단 아래로 군인들이 도열하여 '받들어 총'을 한 후 분열식을 거행하던 넓은 터가 있었다.

[그림 4] 네 짝짜리 접이문 위에 편액이 걸려있는 양위헌 한국학진흥사업 성과포탈 「일제침략기 사진 그림엽서 DB」, 엽서번호 P-SDK-06430-P-M-08-07

사당인 장충포렬은 15칸에 규모가 약 17.71m × 5.60m로 면적이

---

4) 「근역지(75) (44) 명승고적 (1) 경기도 (7) 장충단 (8) 환구단 (9) 천연정」『매일신보』1921년 4월 29일

30평(99.17㎡)으로서 기둥 배열이 전퇴형前退形으로 앞에 공간이 있고, 아치형 출입구로 외벽은 벽돌이며 지붕은 목조 왕대공 트러스(Truss)로 팔작지붕 처마에 양철 빗물받이를 달았고, 추녀선이 수평으로 기와지붕이 아님을 짐작할 수 있다.[5]

사당 내에 판각板刻으로 찍은 태극기를 교차 게양하여 세워져 있고[6], 4척(1.21m)의 도리홍사桃李紅紗로 가렸던 현판, 축단 왼쪽에 종[7]을 매단 종실鍾室, 2층 축단 좌우에 세웠던 장명등長明燈 한 쌍이 있었다.

[그림 5] 왼쪽 요리정, 두 그루 노수(老樹) 사이의 양위헌(揚威軒), 산자락에 가려진 단사(壇祠) 장충포렬(奬忠褒烈), 오른쪽 장무당(壯武堂)이다.

5) 「야암(夜闇)에 숨은 환락경조감【3】 일편단갈의구(一片短碣依舊)타만 춘추치제는 어데?」『조선일보』1927년 8월 4일

6) 기인생(己人生) 「태극기 예찬」『진학』학생사 1946 p44

7) 『탁지부각부원등공문래거문(度支部各部院等公文來去文)』규17877 제22책 「장충단에서 사용할 종 1대를 일본에서 수입하여 시라카와마루(白川丸)호 편에 1900년 11월 24일 인천항에 들여왔으니 해관에 찰칙(札飭)하여 관세를 면제하고 통관시켜 달라는 조회 제200호」광무 5년(1900년) 11월 26일 발신; 의정부찬정군부대신임시서리외부대신 박제순, 수신; 의정부찬정탁지부대신 민병석

오른쪽에 17칸 반을 중수한 양위헌은 규모가 전면 5칸 측면 4칸에 약 17.0m × 10.5m로 면적이 54평(178.50㎡)으로 서까래를 이중으로 얹은 겹처마8)에 네 짝짜리 접이문이며, 측면 첫 칸도 문이고, 나머지 세 칸은 상부에 쌍여닫이 창을 달았으며, 화계를 조성, 회화나무(괴목) 두 그루를 심었다.9) 그 오른쪽에 있는 10칸을 중건한 장무당10)은 규모가 약 12.06m × 5.07m로 면적이 18.5평(61.16㎡)으로 역시 네 짝짜리 접이문에 측면은 쌍여닫이 창을 달았고, 화계 전정前庭을 조성하였다.

부속건물로 일각문一閣門에 14칸 반의 돌담과 화계가 있는 6칸의 전사청典祀廳, 목책을 두르고, 7층과 4층의 보석과 화원花苑·화계·가산假山을 조성하여 철홍예鐵紅霓·장명등이 있

[그림 6] 왼쪽 장무당(壯武堂)과 전사청(典祀廳) 고직처소(庫直處所) 사졸처소(士卒處所) 등으로 추정된다.

는 30칸 54.5평(180.17㎡)의 요리정料理亭11), 고직처소庫直處所, 3칸의 고사庫舍, 사졸처소士卒處所, 높이가 50척(15m)인 국기 게양대인 국기주國旗柱, 대기장大旗章 1면과 청·황·홍·백·흑의 오색기장 230

---

8) 「장충단 국화전관(菊花展觀)」『매일신보』 1930년 10월 25일 7면, www.alamy.com> Image ID: M0AC9X는 복원에 결정적 역할을 할 편액과 겹처마를 확인할 수 있는 사진이다.

9) 잔물, 「공원 정조(情操) 하야(夏夜)의 각 공원」『개벽』 제26호 개벽사 1922년 8월 p102, 장무당에 큰 노수(老樹) 두 그루가 서 있다고 하였으나 양위헌 좌우에 느티나무가 있었다.

10) 붉은 벽돌로 쌓은 박공과 측창을 파악할 수 있다. 「가을이 깊은 3일 장충단공원에서(あき深三日獎忠壇公園で)」『조선신문』 1926년 11월 4일 9면

11) 국가기록원> 국유재산 관계철(1944년) p59 장충단공원 부지 동 건물 일부 사용에 관한 건(獎忠壇公園敷地並建物一部使用ニ關スル件)

면을 조성하고, 장상좌판長床坐板, 착정鑿井 수도, 종려棕櫚·오엽송·
소송小松·금소매金小梅·목단앵牧丹櫻·차련茶蓮·노도露島·홍엽紅葉
·영산홍·백영산白永山의 화초를 심은 조경과 4칸의 측간廁間을 세우
고, 기지 내부는 목책을 두르고 외부는 철삭책鐵索柵[12]을 둘렀다. 입
구는 봄가을 제사 때 세운 소나무 가지로 만든 아치(Arch)인 송홍예
문松紅霓門과 장충천에 나무다리인 대량판교大梁板橋와 중판교中板橋
석교石橋가 있었다.[13]

제물을 올리는 치뢰致酹는 음력 3월과 9월의 정丁일에 치제致祭
를 하고, 시위군악대의 조곡弔曲으로 충혼을 위로하는 연주로 진행
하였는데, 첫 치제는 광무 4년(1900년) 11월 10일(정해丁亥) 정오
에 시작하여 소나무 가지로 만든 아치(Arch)인 홍여문虹如門을 세
우고, 4면에 태극기를 높이 달고, 부부원府部院 대소 관인官人과
각대各隊 장졸과 무관 학도들이 재회齋會하여 조곡을 연주하고, 오
후 4시에 마쳤다. 이듬해 봄 치제는 광무 5년(1901년) 5월 9일(정
해丁亥) 전망戰亡한 장졸의 초혼제에 각국 공영사公領事 및 부부원
府部院 대관이 참석하였고[14], 가을은 10월 20일(신미辛未)에 열려
원수부 군부 및 각부 대관이 참석하였다.[15]

의례 절차는 오전 11시에 내빈을 영접하여 12시에 제를 지내고, 즉
시 각대의 사졸이 행례를 한 후 입식立食을 하고, 2시 반에 분열식을
행하여 돌아간다.[16] 그러다 군부는 제향을 매년 음력 3월과 9월 중

---

12) 철사로 꼬아 만든 줄로 친 울타리
13) 『장충단영건하기책(獎忠壇營建下記冊)』 광무 5년(1901년) 8월
14) 「진관혼제(進觀魂祭)」 『황성신문』 광무 5년(1901년) 5월 9일
15) 「장충제단(獎忠祭壇)」 『황성신문』 광무 5년(1901년) 10월 21일
16) 「장단(獎壇) 초혼」 『제국신문』 광무 9년(1905년) 4월 19일; 「장충 의식」 『황성신문』 융희 2년
    (1908년) 4월 10일

[그림 7] 장충단 비로 가는 석교는 길이 약 8m 폭 3.8m로 엄지기둥에 회색 유칠(油染)한 목제 난간이다. 「고목에 깃든 춘의(春意)(장충단 소견)」『조선중앙일보』1935년 3월 25일

정丁일을 임시로 택하여 여는 것은 구습으로 사리에 적합하지 않다 며 개혁을 주장하여, 융희隆熙 3년(1909년) 3월 18일에는 양력 4월 15일과 10월 15일로 제향하기로 논의를 하여 정하나, 일제의 압력

으로 마지막으로 열린 치제는 10월 15일 가을 제일祭日에 융희황제 폐하께서 시종 김영갑金永甲을 파송한 것이 마지막이다. 이후 제향의 맥이 끊어진 것을 1988년부터 시작하여, 1989년 4월 20일 중구 장충동 주민 500여 명이 참석하여 추모 제향을 올린 이래로 매년 이어오고 있다.[17]

향사의 위패 조성은 봉상사奉常司에 영을 내려 하고, 축식祝式은 홍문관弘文館에 영을 내려서 짓고, 재관齋官의 헌관獻官은 장영관將領官 중에서 하고, 전사관典祀官 겸 집례集禮 대축大祝은 위관尉官이 맡고, 단사壇司 겸 장생령掌牲令은 위관이, 축사祝史 겸 재랑齋郎도 위관이 담당하였다.[18] 실례로 제등록祭謄錄을 보면 광무 5년(1901년) 5월 9일(음력 3월 21일) 장충단제 헌관은 시위 2대대 참령參領(소령) 전우기全佑基, 전사관 겸 집례대축은 정위正尉(대위) 서영조徐榮祚, 단사 겸 장생령은 부위副尉(중위) 이범한李範漢, 축사 겸 재랑은 참위參尉(소위) 심상련沈相璉이 하였고, 종향위 헌관은 부위 김교익金敎翊, 축사 겸 재랑은 참위 한봉회韓鳳會, 배식 헌관은 참위 양재훈梁在薰으로 하였다.[19]

제물은 정위正位와 종향위는 백미 5말, 잣栢子 3되, 비자榧子 3되, 호두胡桃 3되, 청주 3병, 청장淸醬 3되, 5촉짜리 촛대 2대丁, 소랍촉小蠟燭 2대丁이며, 배식위는 백미 5말, 잣 3되, 비자 3되, 청주 3병, 청장 3되, 무菁根 30개, 소랍촉 2대로 정해져 있다.[20] 찬품饌

---

17) 「순국선열 기린 장충단제」『동아일보』1989년 4월 21일

18) 종향위(從享位)의 헌관은 부위가, 축사 겸 재랑은 참위가 맡았고, 배식위의 헌관은 참위가 맡았으며, 광무 9년(1905년) 3월과 9월 정위(正位)의 단사 겸 단생령에 경무청 총순(總巡)이 맡은 것도 보인다.

19) 『제등록(祭謄錄)』장례원 편 광무 5년(1901년) 2책 p181~182, 10책 p45, 138, 11책 p65, 184

20) 『제물등록』예조 편 고종 15년(1878년) p128~129

品은 정위正位와 종향위從享位는 상탁床卓에 밥 한 그릇, 과일 세 접시, 술 한 잔, 수어탕秀魚湯 한 그릇, 초 다섯 개짜리 두 대, 돼지 고기 한 접시, 배식위配食位는 상탁에 밥 한 그릇, 과일 세 접시, 술 한 잔, 갱羹 한 그릇, 초 일곱 개짜리 두 대로 하였다.21)

제기 조성은 상탁床卓과 바닥에 까는 포진舖陳 및 제반 의물儀物을 들이는 것은 원수부 군무국과 각 해당 사司에서 마련하고, 맡아 관리하고 지키는 구관句管 및 수직守直, 단상壇上에 탈이 있거나 각종 수리 등은 원수부 군무국에서 전적으로 관리하였다.22)

배향 위치는 주벽主壁은 충의공 홍계훈, 동벽東壁은 청주 영관 염도희와 전주 영관 이경호를, 서벽西壁은 통위영 대관 김홍제와 장위영 대관 이학승, 진남영 대관 이종구를 배향하였다.23) 광무와 융희 연간 치제에 정위正位 축식 종향위 축식과 배식 치뢰문은 다음과 같다.

장충단제 축식
[음력 3, 9월 정위 종향위 배식위에 향칙과 삼봉을 광무 4년(1900년 경 자) 음력 9월 19일 칙명을 받들어 행함]

　　유 광무 모년 세차 모갑 모월 모갑삭 모일모갑에
　　　황제께서 신 아무개를 보내어
증 군부대신 고 부령 충의공 홍계훈지신
고 진남영 영관 염도희지신

---

21) op. cit. 제물등록에 술은 석 잔으로 되어있고 정위와 종향위는 술을 담는 그릇인 준뢰(樽罍) 상에 켜는 준소촉(樽所燭)이 한 대 더 있고 배식위는 7촉짜리 두 대가 소랍촉(小蠟燭) 두 대로 되어있다.

22) 「원단자장충단향사절목(院單子獎忠壇享祀節目)」 『일기(日記) 하』 장례원 광무 4년(1900년) p122~123, 10월 28일(음력 9월 6일) 일기

23) 홍세영(洪世泳) 편저, 『충의공가장(忠毅公家狀)』 v01 1927 장서각 26a 26b. 장충단비에는 갑오·을미 지사변으로 되어 있으나 충의공가장에 갑신·을미지사변으로 되어 있다.

고 무남영 영관 이경호지신께 제사 드립니다. 이르기를, 들판에 목
숨을 바쳐 기상(旂常)단에 이름을 남긴 만세에 빛나는 제사로, 이
에 희생(犧牲)과 예제(醴齊) 여러 가지 제수로 상제(常祭)를 올리오
니 흠향하소서.

獎忠壇祭祝式
[三,九月正位從享位配食位香則并三封光武四年庚子九月十九日奉勅
設行]

維光武某年歲次某甲某月某甲朔某日某甲
皇帝
遣[臣]
致祭于
贈軍部大臣故副領忠毅公洪啓薰之神
故鎭南營領官廉道希之神
故武南營領官李璟鎬之神曰捐軀原野垂名
旂常壇而醱之萬世之光玆以牲醴庶品用
申常祭尙 饗

종향위 축식
유 광무 모년 세차 모갑 모월 모갑삭 모일 모갑에
황제께서 신 아무개를 보내어
고 통위영 대관 김홍제지신
증 좌승지 고 장위영 대관 이학승지신
고 진남영 대관 이종구지신께 제사를 드립니다. 이르기를, 난을 만
나 적과 싸우려는 의기(義氣)로 의를 보고 목숨을 바쳐 일단(一壇)
에 춘삼월과 추구월에 나란히 하는 제사로, 이에 술과 여러 가지
음식으로 상제(常祭)를 올리오니 흠향하소서.

從享位祝式
維光武某年歲次某甲某月某甲朔某日某甲
皇帝
遣[臣]
致祭于[24]

---

24) 『종묘오향대제(宗廟五享大祭)』 장례원 광무 10년(1906년)~* 53a 장서각

故統衛營隊官金鴻濟之神
贈左承旨故壯衛營隊官李學承之神
故鎭南營隊官李鍾九之神曰臨難敵愾見
　　義殉身一壇竝享九秋三春茲以淸酌庶
　　羞用申常祭尙　　　饗

장충단 배식 치뢰문
칙 전망군졸지신
황제께서 조서를 내려 이르기를, 대운이 중도에 그만 막혀 나라에
재난이 많아, 막고 지키는 것을 그대들에게 시켜 잠자리에 드는 것
이 편치 못하고, 화살과 탄환에 참으로 많이 목숨을 바친 열렬한
군센 기개와 아득한 들판처럼 끝없이 지나온 여러 해에 아릿하게
마음이 괴로워, 이에 제사를 드리오니 부디 흠향하소서.

獎忠壇配食致酹文
勅戰亡軍卒之神
皇帝詔曰大運中否國家多難俾汝捍禦丙枕
　靡安或鏑或丸寔多喪元烈烈毅氣悠悠
　曠原耿然紆懷歷年未已故茲諭酹庶歆格是25)

　　이때 치제致祭 중 시위군악대26)가 조곡弔曲 연주로 충혼을 위로
하고, 군악대의 장단에 맞추어 '받들어 총'하는 구령이 관민官民들
에게 큰 인상을 남겨, 한양가漢陽歌에 당시의 모습이 사설로 남아
있다. "남산 밋헤 지여 논 장충단 저 집/ 나라 위해 몸 바린 신령뫼
신데/ 태산 갓흔 의리엔 목슴 보기를/ 터럭 갓히 하도다 장한 그분
네"27) "아르랑 아르랑 아라리오 남산 밋헤 장충단을 지여놓고 밧

<hr>

25) op. cit. 장례원 광무 10년(1906년)~* 53b;『(대한제국 제향) 축문』장례원 편 광무 10년(1906
년) p109~112;『정무사의궤(靖武祠儀軌)』장례원 편 융희 연간(1907~1910년) p7~8;『각양
고유등록(各樣告由謄錄)』규장각 편 고종 5년(1868년) 이후 p2 광무 4년(1900년) 홍문관 시독
관 이수용(李秀龍)이 지은 배식 치뢰문이 있다.

26) 윤백남, 「서울의 고적 순례 33 장충단」『가정신문』1946년 6월 30일 2면

27) 「한양가 일절」『소년』제2권 최창선 신문관 융희 2년(1908년) 12. p79

드러 총만 하누나 아라리오"하는 아르랑 타령까지 있었다.28) "남산 미테 장충단을 짓고 군악대 장단에 밧들어 총만 한다." 이런 사설 辭說이 모두 이때부터 생긴 것이다.29)

장충단 앞 넓은 터에서 운동회 등 각종 행사가 열리기 시작하는데, 광무 10년(1906년) 10월 12일 관립보통학교의 추기연합대운동 이후로 운동회 등이 이어지기 시작하고, 융희 2년(1908년) 8월에 사격장을 건설하여 9월 2일 낙성식과 사격대회를 열고, 또 친일 내각이 발기하여 융희 3년(1909년) 11월 4일 2시부터 3시 45분까지 이토 히로부미伊藤博文의 추도회를 열어, 내각 및 한성부민 일동이 참여하고 각 학교 학생들까지 동원한다.

3. 장충단 훼손과 변천

1919년 4월 일제는 장충단과 훈련원을 공원과 운동장으로 만들 계획을 세우고 우선 6월 1일 장충단부터 시작하는데, 솔밭의 소나무를 베어버리고 벚나무·단풍나무·개나리 등을 심고 장충천 가에 등나무 퍼걸러(Pergola)를 만들어 통나무 의자를 놓고, 약 3천 평 (9,917㎡)의 넓은 터를 운동장으로 조성30)하고 새길을 내고, 장충천 중도中島에 다리를 놓아31) 공원을 만들어 장충단을 훼손시킨다.

---

28) 「녹음을 등지고 말하는 사진(1)」『동아일보』1925년 6월 13일; 성경린 장사훈 공편, 「본조(本調)아리랑」『조선의 민요』국제음악문화사, 단기 4282년(1949년) p3, 4

29) 일기자(一記者), 「조선 양악의 몽환적 내력」『동명』제13호 동명사 1922년(대정 11년) 마이크로필름(No5) 국회도서관 p9; 고고생(考古生), 「경성이 가진 명소와 고적」『별건곤』제23호 1929년 p24

30) 「장충단의 신 장식, 장충단은 금년에 설비한다.」『매일신보』1919년 5월 27일 4면

31) 「장충단공원에 새로 노흔 다리」『동아일보』1921년 2월 25일 3면

1925년 6월 지금의 을지로인 황금정 훈련원공원부터 장충단까지 신도로공사를 착수하여 4개월여 걸려 준공을 하고, 1926년 4월 21일부터 전차 시운전을 하여 개통한다.

[그림 8] 1921년 2월 장충단 장충천에 새로 놓은 다리와 등나무 퍼걸러(Pergola)

장충포렬·양위헌·장무당 당우는 1929년 11월 일제는 보존할 가치가 있는 고건물을 지방별로 조사하여 작성한 목록 중 경성부는 37개소로, 장충단·포렬사·양위헌·장무당이 포함되었다.[32]

1929년 11월 이토 히로부미伊藤博文의 위패를 두어 명복을 빌고 천도와 축원을 하는 보리사菩提寺 건립을 고다마 히데오兒玉秀雄 정무총감에 의해 거론되기 시작하여 건립기금을 모금하고, 1930년 12월 18일 장충단 구내 장충단 비 동남쪽 언덕 경치가 가장 좋고 조망이 좋은 정자가 있는 곳에 본당을 앉히기로 한다.[33]

---

32)「유명한 고건물 경성 시내에 최다」『매일신보』 1929년 11월 28일 2면;「종교과에서 초안 완료 고적과 보물보존령」 1931년 6월 9일

[그림 9] 박문사 산문으로 쓰기 위하여 해체를 위해 비계(飛階)를 맨 경희
궁 흥화문『매일신보』1931년 10월 14일

　1931년 6월 예정부지에 송림을 벌채하기 시작하고, 10월 14일
보리사 정문으로 쓰기 위하여 경희궁의 흥화문興化門을 해체하기
위한 비계를 매기 시작하여34) 이건해 산문山門으로 세웠고, 역대
임금님의 어진御眞을 모신 경복궁 선원전璿源殿은 이건하여 본당
뒤 일본 주지승의 거주지 및 창고인 쿠리庫裏로 지었고, 1932년 4
월 23일 본당 상량식을 하여, 10월 26일 이토伊藤의 호를 붙여 춘
묘산春畝山 박문사博文寺를 준공한다. 이후 환구단 동쪽 회현방 공
동公洞의 석고石鼓를 보호하기 위하여 광무 7년(1903년) 7월 16일
상량한35) 석고전石鼓殿을 당시 총독부도서관 구내에 있던 것을

33) 「이등 공 보리사 건설로 면목 일신될 장충단공원 유수한아(幽邃閑雅)한 곳에 본당을 건설, 내년
　　가을까지에 완성될 예정」『매일신보』1930년 12월 18일
34) 「자리 옮기는 흥화문」『동아일보』1931년 10월 30일 2면; 「장충단 보리사로 옮겨가는 흥화문」
　　『매일신보』1931년 10월 14일
35) 『석고각상량문(石鼓閣上樑文)』윤경규(尹庚圭) 서, 간사자 미상 1936: 손호익(孫滈翼) 「남별궁
　　고 하」『문헌보국』5권 8호 조선총독부도서관 편 조선총독부도서관 1939(소화 14) p372 光武

1935년 4월에 이건하여36) 종루로 사용한다.

[그림 10] 1935년 4월 석고의 석고전(石鼓殿)을 이건하여 박문사 종루로 사용한다. 「이전 건물(석고전)실측도 2, 4」 1935 국가기록원에 있다.

　장충단 각 건물은 1932년 8월 9일 「춘묘산 박문사 창립원에 관한 건-경기(도면첨부)」에 첨부된 도면을 판독해 보면 처소處所는 공원 숙사로, 양위헌은 공원 휴식소로, 장무당은 공원사무소 및 경관출장소로, 부속건물 등은 숙사宿舍 온실 창고로 사용한다. 광무 6년(1902년) 5월 일본 제일은행권을 발행하여 불법으로 유통해 한국의 화폐를 교란한 제일은행 두취頭取 시부사와 에이이치澁澤榮一 송덕비를 1933년 6월 이마이다 기요노리今井田淸德 정무총감의 발의로 세우기로 하여, 공사 끝에 요리정 왼쪽에 12월 11일 오후 2시 "삽택청연澁澤靑淵선생송덕비" 제막식을 한다.37)

　　七年 癸卯 閏五月 乙巳

36) op. cit. p371; 「춘풍추우 사십 성상 석고전 유래 불원 박문사로 이전」『매일신보』 1935년 3월 23일
37) 「고 삽택청연옹송덕패 건설 일만 원가량의 비용으로써 장충단에 세운다.」『매일신보』 1933년

1937년 5월 22일에는 이른바 상해사변 결사대로 죽었다는 일본 군 육탄 3 용사의 동상을 장충포렬 축단 오른쪽에 세운다. 1944년 3월 31일 조선군 경리부장 다카기 로쿠로高木六郎가 경성부를 경 유, 경기도에 요청하여 1944년 4월 18일부터 장충포렬 양위헌 및 전면 광장 1,656평(5,475㎡)을 군軍에서 사용하고, 7월 27일부터는 장무당 및 규모가 30.0m × 6.0m로 면적이 54.5평(180㎡)인 식장式 場 잔여 광장 등을 포함한 장충단 일대를 다 사용한다.38)

1945년 8월 15일 광복으로 적산敵産 사찰이 된 박문사는 경복궁 선원전을 이건하여 쓴 쿠리庫裏가 11월 23일 화재로 전소된다.39) 12 월 11일 오후 1시 민도회民道會와 임시정부 요인 여러 명과 각계각 층 인사 수백 명이 모여 박문사 비를 파괴하고 '안중근선생동상건립 기금 및 장충단재건' 총회를 열고, 1946년 1월 초순에 장충단 재건 과 의사안중근동상건립기성회가 조직되나40), 1947년 2월 28일 군정 입법위원회에서 장충단을 국립기념공원계획에 관한 건으로 상정하 여, 4월 4일 제45차 회의에서 국립기념공원 변경안으로 가결된다.

06월 23일;「고 삽택자 동상 래월에 제막식」1933년 11월 27일;「삽택자 명조(明朝) 입성」 1933년 12월 10일

38) 조선총독부 세무,「장충단공원 부지 동 건물 일부 사용에 관한 건」『국유재산 관계철』 CJA0022155 1944 국가기록원 p10;「장충단공원 부지 및 건물 일부 사용에 관한 건」p61

39)「박문사에 화재(博文寺に火事)」『경성일보』영인판 제205권 1945년 11월 26일 한국교회사문 헌연구원 2008 p596

40)「사후설치(死後雪恥)」『동아일보』1945년 12월 12일 2면;「장충단재건기성」1946년 1월 8일

[그림 11] 선원전을 이건하여 쓴 박문사 쿠리(庫裏)

이후 당시 이승만 대통령은 1958년까지 남아 있던 본당을 철거하고, 정부의 영빈관 신축을 위하여 1959년 1월 착공하였으나, 4.19와 5.16의 혼란으로 지지부진하다가 1967년 2월 28일 준공한다. 그러나 장충단 비는 우리의 인식 속에서 사라져버렸다가, 극작가 이서구李瑞求 씨의 제보로 지금의 신라호텔인 영빈관 정문 오른쪽 서남쪽으로 110m 정도 떨어진 비탈에 있던 것을 1969년 7월 4일 발견하여, 당시 서울시는 현재의 자리로 이전하였다.

대한민국 정부 수립 후 1949년 6월 6일 10시 서울운동장에서 제주도 폭도사건, 여수 순천 지리산 반도叛徒토벌, 개성 송악산 10용사로 전사한 장병 345위의 제2회 전몰군인합동위령제에 국무총리 이하 국무위원들, 육해공 장성들, 국회의장, 대법원장, 각 사회단체와 시민들이 참석한 가운데 열고, 작년 가을에 위령제를 지낸 102위를 합쳐 447위를 대한민국 수립 이래로 전몰한 영령들을 군신軍神으로 장충단 봉사奉祠에 모신다.[41]

또한, 전몰한 영령들을 길이 안치하기 위하여 이전부터 박문사를 개수하여 장충사獎忠祠로 하여, 1950년 4월 16일 충혼전忠魂殿을 준공하고, 6월 21일 10시 서울운동장에서 옹진국사전투, 포천 춘천 강릉 38선 일대에서 전개된 전투, 오대산 지리산 반도소탕전에서 전사한 1,664위의 영령들의 제3차 전몰군인합동추도회를 엄숙히 거행하고, 혼백을 장충사에 모신다.42)

6 · 25동란 후 국군묘지가 1953년 2월 우이동으로, 1954년 2월 한남동으로 언급되더니, 11월 5일 제4차 합동 위령제가 동작동에 있는 국군묘지에서 거행될 예정이었으나43) 연기되었다가, 1년여 공사 끝에 1955년 4월 22일 10시 이승만 대통령 이하 삼부요인, 주한 외교사절, 3군 장병들 221명의 유가족대표와 2만여 명의 학생과 일반 추도객이 참석한 가운데 79,701위의 3군 합동 추도식이 열렸다.44)

4. 맺음말

현재의 현상은 갑자기 일어나는 것이 아니다. 과거의 원인에 의하여 발전되어 지금 나타나는 것으로 역사는 이렇게 면면히 이어져 흐른다. 장충단은 일제로부터 침략을 온몸으로 막아섰던 선조들의 피맺힌 역사가 서려 있는 곳이다. 또 박문사를 개수하여 장충사로

---

41) 「전우의 조포도 숙연!! 충혼의 명복 기원 순의(殉義) 장병의 합동위령제 엄수」 『동아일보』 1949년 6월 7일 2면; 「오열비곡(嗚咽悲曲)의 감과(坩堝)」 『경향신문』 1949년 6월 7일 2면
42) 「경건히 명복 빌자」 『동아일보』 1950년 6월 21일 2면; 「충혼 길이 빛나리 조국 수호하소서」 6월 22일 2면
43) 「4차 합동 위령제 11월 5일 집행」 『경향신문』 1954년 10월 6일 2면
44) 「제4회 3군 합동 추도식」 『동아일보』 1955년 4월 18일 3면

하여 대한민국 수립 후 공산당으로부터 이 땅을 수호하기 위하여
싸운 수많은 전몰장병의 영령들을 모셨던 현충원이었던 곳이다. 그
러기에 그곳에 국군 영현英顯 부대도 주둔하고 있었다.

장충단 비가 산림이 울창하고 맑은 물이 흐르는 장충천 석교石
橋45)를 건너 산기슭에 있는 것은 맑게 흐르는 물에 마음을 씻어 정
갈한 마음으로 속계俗界를 넘어 충군애국한 영령들의 세계로 들어
서 만나는 것으로, 비의 신성함과 엄숙함을 더하는 것이다.

광무 5년(1901년) 2월 16일 육군법원장 백성기白性基가 상소를
올려 임오군란과 갑신정변에 희생당한 이들도 추가로 배향을 해야
한다고 주장하였으나, 그 어디에도 처리 결과가 보이지 않는다.46)
또 광무태황제 폐하와 융희황제 폐하 연간의 장충단제 축식에 홍계
훈 염도희 이경호와 종향위 축식에 김홍제 이학승 이종구 이외에
『대한계년사』에 기록된 을미사변의 궁내부대신 이경직李耕稙, 춘
생문 사건의 전前 시종 임최수林最洙, 참령參領 이도철李道徹의 이
름이 등장하지 않는 것은 정위正位와 종향위가 아닌 배식위配食位
로 되지 않았나 생각이 든다.

장충단 비는 일부에서 주장하는 것처럼 박문사 본당 터에 있었다
든지, 1910년 이후 일제가 뽑아 버렸던 것을 광복 이후 찾아서 영
빈관 안에 세웠다고47) 하나, 1911년도 『경성시가도』와 「춘묘산 박
문사 창립원에 관한 건-경기(도면첨부)」에 실린 이등공추복사원신축부
지 설계평면도를 비교해 보면, 장충단 장충천 동쪽 산기슭 부분에 있
으며, 또 충의공가장忠毅公家狀에도 남수영에 장충단을 세우고, 건

---

45)「고목에 깃든 춘의(春意) 장충단 소견」『조선중앙일보』 1935년 3월 25일 2면
46) 이상배, 「장충단의 설립과 장충단제」『지역문화연구』 제4집 지역문화연구소 2005 p97
47) 이상배, 앞의 논문 2005 p87

너편 동쪽 산기슭을 벌목하여 세운 대석에 갑신 을미의 변란에 뛰어들어 순절한 공적을 표시하다築獎忠壇于南守營越東麓伐大石以表甲申乙未之變投難殉節之功蹟라는[48] 기사가 있다.

장충포렬 주두柱頭의 낙양과 수평인 추녀선 전면을 개방한 전퇴형前退形 평면과 아치 쌓기를 한 출입구 등의 한양韓洋 절충[49]의 모습이 경운궁(덕수궁) 정관헌과 흡사함이 겹치는데, 정관헌은 러시아인 아파나시이 이바노비치 세레진-사바찐(Afanasy Ivanovich Seredin-Sabatin 살파정薩巴丁 1860.1.1~1921)이 설계한 건축물로 추정이 되는데, 장충단은 광무 4년(1900년) 10월에 완공하여 광무 8년(1904년) 2월 8일 러일전쟁 발발로 12일

[그림 12] 세레진-사바찐(Afanasy Ivanovich Seredin- Sabatin)『덕수궁 중명전 보수·복원 보고서』문화재청 2009 p75

대한제국을 떠나기 전이므로, 장충포렬도 그가 설계한 것으로 생각된다.

일제는 장충단에 위국헌신한 전몰 장졸들을 배향한 대한제국군의 충군 애국심과 우리 민족의 문화를 말살하려고 1919년 6월 장충단을 공원화하였고, 또 1931년 6월부터 이토 히로부미伊藤博文의 원찰願刹 박문사 건축을 착수하여 10월 이후 흥화문과 선원전 석고전을 헐어 이건하였으며, 1933년 12월 일본 제일은행장 시부

---

48) 홍세영(洪世泳) 편저, 「장충단 사적(事蹟)」『충의공가장(忠毅公家狀)』 v01 1927, 25b 26a 장서각

49) 호소이 하지메(細井肇) 편 『선만총서(鮮滿叢書)』 제4권 자유토구사 1922 p17 한양을 절충한 사당 건물이 있다. 이것이 즉 장충단으로 불린다. (韓洋折衷の社あいた建物がおる。之が即ち名によぶ獎忠壇で、)

사와 에이이치澁澤榮一 송덕비를 세우고, 1937년 5월에는 이른바 상해사변 결사대로 죽었다는 일본군 육탄 3 용사의 동상을 장충포렬 축단 오른쪽에 세운다.

장충단의 단사壇祠 및 부속건물들이 6·25전쟁으로 모두 소실됐다는 설이 있으나, 일부 부속건물들이 소실되었는지 몰라도 모두 없어졌다는 것을 입증할 만한 단서는 보이지 않는다. 오히려 1957년 5월 25일 장충단에서 민주당 시국강연회 항공촬영 사진과 1958년 6월 5일 촬영한 '서울 한강 김포 항공촬영 3'을 보면 당시까지 장충포렬 양위헌 숙사宿舍가 남아 있던 것이 보인다.

[그림 13] 1957년 5월 25일 장충단에서 민주당 시국강연회, 상부 장충단 비 좌측 노수(老樹)가 사라진 양위헌(揚威軒) 중앙 장충포렬(獎忠褒烈) 우측 요리정 자리 뒤는 숙사(宿舍)다. 「장충단공원 항공사진 촬영」『조병옥 민주당 최고위원 민주당 시국강연회 참석』 CET0045192 1957 국가기록원

그러나 서울사진아카이브의 1960년 1월 '중구 어린이 스케이트 장 개장' 사진에 단사는 없고 장명등 2기만 보여, 1958년 6월 이후부터 1959년 사이에 우리 손으로 없앤 것으로 보여, 서울시가 1959년 2월 1일 착공한 남산 일대 미화 사업으로 공원 내 무허가 건물과 공원과 관계없는 시설들을 일제히 철거한다[50] 하여, 그때 무지로 훼철毀撤된 것이 아닌가 하는 생각이 든다.

단비 및 건물들의 위치가 「춘묘산 박문사 창립원에 관한 건 - 경기(도면첨부)」와 「장충단공원 부지 및 건물 일부 사용에 관한 건」에 의하면 장충단 비의 위치는 장충단로 옆 신라호텔 주차장 남쪽 끝으로 중구 장충동2가 198-6번지며, 석교는 비와 양위헌 사이 선상의 장충천에 있었다.

요리정은 이준 열사 동상 자리며 장충포렬은 문화행사마당으로 게이트볼장으로도 이용되고 있고, 현재 장충단 비 뒤에 있는 장명등 2기는 장충포렬 앞 2층 축단 좌우에 있던 것이다. 양위헌은 운동기구가 있는 앞 조경 구간에 위치하며, 장무당은 지압보도가 있는 곳이며, 기타 부속건물들은 장충공원경로당이 있는 곳이다.[51]

장충포렬 서남쪽 산자락에 있던 백운루白雲樓[52]는 1967년 4월 29일 장충단에서 열린 공화당 박정희 대통령 후보 선거유세 사진에 남아 있으나 언제 없어졌는지 알 수가 없으며, 현재의 위치는 장충리틀야구장 뒤 1971년 7월에 준공한 외솔 최현배 선생기념비

---

50) 「남산에 미화 사업」『경향신문』 1959년 1월 23일, 「남산공원 일대 단장」『동아일보』 1959년 1월 24일

51) 조선총독부 세무, 「장충단공원 부지 동 건물 일부 사용에 관한 건」『국유재산 관계철』 CJA0022155 1944 국가기록원 p6, 10: 「장충단공원 부지 및 건물 일부 사용에 관한 건」 p61, 첨부된 도면에 건물명과 면적이 표기되어 있다.

52) 편액은 경성부윤 우마노 세이이치(馬野精一)가 명명하고 안종원(安鍾元 1874~1951)의 글씨다.

자리로 추정된다.53)

[그림 14] 장충포럴 서남쪽 산자락에 있었던 정자 백운루

　　명성황후 폐하를 지키지 못한 우리는 100년이 지나도 역사의 죄
인이고, 춘추대의春秋大義에 이 원수를 갚지 않으면 어찌 나라라 할
수 있으며54) 천추의 한을 씻을 수 있을까? 나아가 장충단에 조국
광복을 위하여 투쟁한 열사들과 대한제국의 제일 충신인 대한의군
大韓義軍 참모중장 안중근安重根(1879.9.2~1910.3.26) 장군의 위패
를 모셔 명실공히 대한제국의 현충원이 되어야 할 것이다.

　　광복 70주년 을미사변이 일어난 지 120주년을 맞이하여 우리는
아직도 장충단 비를 공원 잔디밭에 무슨 기념비처럼 방치하고 있

---

53) 「십구 명을 표창 문화재 보호자」『동아일보』 1955년 11월 19일 3면, 고상규(高相奎)는 장충단
　　공원 내에 있는 백운루를 자비로 보수하여 공로자로 문교부로부터 상을 받는다.

54) 한영우, 『명성황후와 대한제국』효형출판 2001 p276, 민영소(閔泳韶)가 지은 부기(附記)에 태
　　자(척坧)가 한 말이라고 기록하고 있다.; 신명호, 「을미사변 후 고종의 국모(國母) 복수와 군주
　　전제론」『동북아문화연구』제19집 동북아시아문화학회 2009 p5~22

다. 단비를 원위치대로 복원을 한다면 넓은 장충단로에 단절이 되고, 물길이 마른 장충천은 금천禁川의 역할을 할 수 없어 본래의 뜻이 퇴색되어 의미가 없으므로, 당우堂宇 3곳 옆으로 설정하는 것이 바람직할 것이다.

앞만 보고 열심히 살아온 우리는 주변을 살피지 못하여 비록 늦었지만, 대한민국의 국력이나 현재 공간이 충분히 남아 있는 만큼 지금이라도 복원을 하여, 나라를 향한 충의忠毅가 일성처럼 빛나도록 해야 할 것이다.

참고 그림

[그림 15] 1957년 5월 25일 민주당 시국강연회에 노수(老樹)가 사라진 장충단의 양위헌 「민주당 시국강연회 참석 관계자 6」『조병옥 민주당 최고위원 민주당 시국강연회 참석』CET0045192 1957 국가기록원

[그림 16] 스케이트장 울타리 뒤로 장충포렬 단사는 사라지고 장명등 2기만 남아 있다. 「중구 어린이 스케이트장 개장」『서울사진아카이브』1960년 1월 23일

[그림 17] 장충단 석교 입면 「눈 녹는 물 흐르는 개천의 봄(장충단의 풍경)」
『조선일보』 1934년 3월 7일

[그림 18] 일제의 기관지 경성일보사가 일본관광단으로 민영소 김종한 등
93명을 모집하여 융희 3년(1909년) 4월 11일 출발 일본을 유람한 후 5월 9
일 귀국하여 경성일보 사원 및 한성부민 회원들을 5월 23일 장충단에서 연
대(宴待)한 「장충단 위로 원유회」, 뒤는 장충포렬이다. 『일본관광기념사진첩』
남산당인쇄부 촬영 니혼쇼코(日本商行) 1909 p12

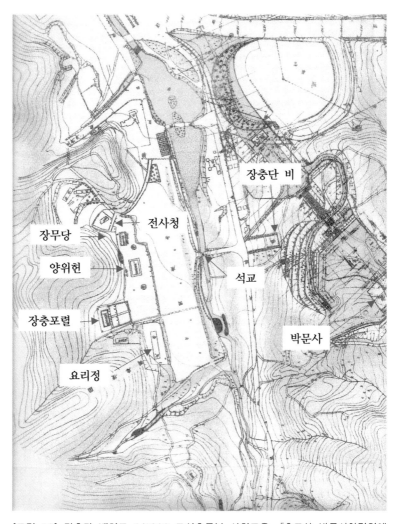

[그림 19] 장충단 배치도 1/1800 조선총독부 사회교육. 「춘묘산 박문사창립원에 관한 건 - 경기(도면첨부)」『사원창립허가포교관리 기타의 건』CJA0004799 1932 p205 국가기록원

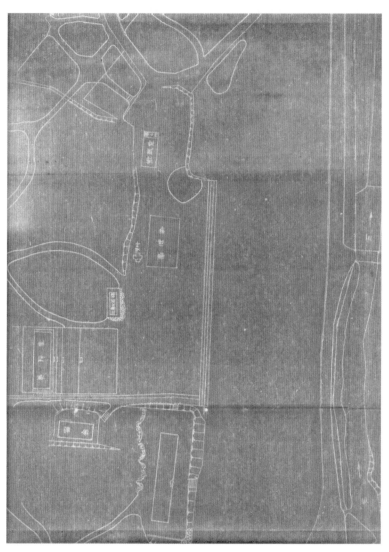

[그림 20] 요리정, 처소, 5층 축단의 장충포렬과 양위헌, 장무당의 규모를 파악할 수 있는
장충단공원 평면도 1/600 조선총독부 세무. 「장충단공원 부지 동 건물 일부 사용에 관한 건」
『국유재산 관계철』 CJA0022155 1944 p6 국가기록원

제국의 길목에 서 있던
기념비전

1. 머리말

광화문 가는 차도 중앙을 광장으로 조성하여 자잘한 꽃들을 심어 놓고, 세종대왕 동상도 새로 세워 개장하여 아침 일찍 보러 간 적이 있다. 어떻든 접근성이 좋고 잘 꾸며져 있어 전보다는 거리가 훨씬 생동감이 있었다. 그러나 세종대로 사거리에 있는 기념비전記念碑殿은 여전히 원형을 잃어버린 채 길거리에 나앉은 모습은 변함이 없었다. 더욱이 우리의 인식에서 멀어져 지나가는 사람들이 제대로 눈길 한 번 주는 이가 없다.

또 지난날 우리 문화재에 대한 인식을 대변하듯 바로 옆에 큰 고층 건물이 들어 서 있고, 차량 흐름을 좋게 한다며 바로 앞 옆까지 길을 내주고 있다. 이런 우리의 모습은 일제日帝가 우리 문화재를 훼손한 것과 별반 다를 것이 없으며, 시쳇말로 남이 하면 불륜이고 내가 하면 로맨스인 셈이다. 그것이 우리의 현실이다.

기념비전은 영조英祖 대왕께서 보령 51세에 기로소耆老所에 입기사入耆社한 구전舊典과 황태자(척坧)의 예효睿孝로 여러 차례 걸친 진간陳懇에 부윤俯允하여, 광무황제 폐하께서 광무 6년(1902년) 5월 4일 역시 보령寶齡 육순六旬을 바라보는 즉 51세에 입기사하고 즉위 40년을 경축하는 기념비로, 대조선 창업 이래로 나라의 큰

경사라 조야朝野의 관원과 백성들이 기리고 축하하기 위하여 세워
져1) 100년이 넘은 건축물인데, 우리는 별로 아는 것이 없다. 그래
서 기념비전의 건축 과정과 일제 강점기 및 현대를 어떻게 거쳐 왔
는지 살펴보고 재인식하는 계기로 삼고자 한다.

2. 비전의 건축 시기

지금의 세종대로 사거리는 조선 시대에 나지막한 황토 언덕이 있
어 황토마루黃土峴로 불리던 곳이다. 그 옆에 있는 기념비전은 원
래 도성 내 도적과 화재를 예방하기 위하여 야간 순찰하던 우순청
右巡廳이 있던 곳이나, 고종 31년(1894년) 갑오경장甲午更張 때 내
무아문內務衙門 산하의 경무청 소관으로 바뀌면서 없어진다. 그곳
을 광무 2년(1898년) 9월 황성신문皇城新聞이 탁지부度支部로부터
빌려 사옥으로 사용하다가, 그 자리가 신작로新作路2) 옆으로 사방
을 통하여 사람들의 왕래가 잦은 곳이라, 조야송축사무소朝野頌祝
事務所3)에서 기념비전을 세우기로 하여 광무 6년(1902년) 9월 10
일을 끝으로 휴간하고, 남서南署 회현방會賢坊 대공동大公洞으로
이전한다.4)

---

1) 『황성신문』 광무 6년(1902년) 5월 5일 「기사성경(耆社盛慶)」, 「기소거동(耆所擧動)」

2) 『독립신문』 광무 원년(1897년) 11월 27일 「철도감독 이채연」 서울역 북쪽 염초교(焰炒橋 염천
교)에서 새 다리까지 철도 계획선 내 큰 장사들의 여각(旅閣) 철거 건으로 경운궁(慶運宮 덕수
궁) 포덕문에서 황토마루까지 신작로에 철거한 집들을 예로 들어 이전에 이미 길이 났음을 뜻
한다.

3) 광무 6년(1902년) 8월 29일 안내장을 보면 사무소를 처음에 황토현 철도원(鐵道院) 내에 두었
다가 광교 앞 한성은행소에 둔다. 『황성신문』 광무 6년(1902년) 9월 3일 「인민성사(人民盛事)」;
9월 8일 「조야송축사무소를」

4) 『황성신문』 광무 10년(1906년) 2월 19일 「사고(社告), 본 신문사지창립이」

[그림 1] 광무 7년(1903년) 5월 8일 지금의 종로인 운종가(雲從街)에 군인이 근무를 서고 있다.

사설 본 신문은 세계의 모든 나라에 통용되는 예를 본받아 광무 2년(1898년)에 창간하였으나 재정이 넉넉하지 못하여 본사를 탁지부에서 전 우순청을 빌려 지금까지 변함없이 발간하고 있는데, 마침 우리 대한이 나라를 세워 전에 없는 경사를 맞이하여 조야의 신민이 송축하는 정성으로 왕래가 빈번한 큰 거리 인도 위에 비각을 세워, 만세 불망의 정성을 구실 삼아 본사 터에 세우기로 의논하여 정해 이번에 훼철하니, 이처럼 막중한 큰 경사를 당면하여 신민이 송축을 기념하는 일에 한국을 위하는 백성이라면 비록 사유 가옥이라도 의로움에 감히 핑계 대지 않을 그런 본사는 관청 소유의 건물이라, 비록 관청의 허가를 받아 빌렸으나 송축하는 것이 마땅하여 스스로 철거를 청원하여 경축의 정성을 함께 표하나, 본사 사정으로 말하면 그 곤란한 형상을 어찌 다 말할 수 있으리오…….5)

5) op. cit. 광무 6년(1902년) 9월 10일 「본 신문은 방세계만국통행지례ᄒ야」 "社說 本 新聞은 倣世界萬國通行之例ᄒ야 自光武二年始爲創立而以財政之未敷로 本社를 借得前右巡廳於度支部ᄒ야 至于今無替發刊이러니 適値我大韓無前創有之邦慶ᄒ야 朝野臣民이 以頌祝紀念之誠으로 將竪立碑閣于通衢人道之上ᄒ야 以寓萬世不忘之忱일식 以本社基址로 議定建竪之地ᄒ야 今將毁撤ᄒ니 當此莫重大慶ᄒ야 於臣民頌祝紀念之事에 爲韓之民이 雖私有家屋이라도 義不敢辭어던 況本社ᄂᆫ 卽公廨也라 雖蒙官認許借나 爲頌祝之地固當自願請撤ᄒ야 以表同慶之忱이어니와 至於本社事情

황성신문사를 9월 13일부터 철거하여6) 바로 공사에 착수하고 각 부부원청府部院廳 칙주판임관勅奏判任官이 조야송축사무소에 보조금을 내는데, 칙임관은 100원 주임관은 10원 판임관은 1~4원씩을 낸다.7) 11월 상순 홍문관학사이며 특진관인 남정철南廷哲이 상량문을 짓고 의정부 참정參政 김성근金聲根이 썼으며, 비송碑頌은 의정부 의정議政 윤용선尹容善이 제술하여 각부원各部院으로 송람送覽하였다.8)

屋靈ノ妃閔故城京
THE ANCESTRAL HALL OF LATE BIN PRINCESS.

[그림 2] 광무 7년(1903년) 9월 2일 입비(立碑) 전 모습

흥야는 其困難之狀을 奚可盡述이리오……"

6) 『제국신문』 광무 6년(1902년) 9월 12일 「우청훼철(右廳毁撤)」

7) op. cit. 광무 6년(1902년) 11월 3일 「송축소 보조」

8) 『황성신문』 광무 6년(1902년) 11월 12일 「비송량문(碑頌樑文)」

조야송축소
광무 6년(1902년) 임인 월 일

기념비각상량문

대한제국
대황제 보령망륙순 어극사십년 칭경기념비각 상량문
삼가 아뢰건대, 황극(皇極)[9]을 세워 향복(嚮福)[10]을 거두어 태계
(泰階)[11]가 바야흐로 태평성대를 누리며 며칠이 걸리지 않아 백성
들이 와서 우뚝 솟은 큰 비의 완공을 알리고, 성상(聖上)께서 천년
에 한 번 나올 경사와 참으로 만세에 전할 만한 일을 도모하여 삼
가 생각건대, 우리 통천륭운조극돈륜 정성광의명공대덕 요준순휘
우모탕경 응명립기지화신렬 외훈홍업계기선력 건행곤정영의홍휴
대황제 폐하께서는 조종의 기틀을 이으시고 제왕 중 업적이 으뜸
이시고, 지위, 복록, 명예를 얻고 천수도 누리시고 크나큰 덕이 하
늘과 같았다. 거룩하고 신묘하며 무와 문의 덕을 모두 갖춘 잘 다
스린 정치로 백성이 교화되고, 우주는 범위 내에 돌아오고, 제도가
통일되고, 문물이 모두 통하고, 풍운은 조화 가운데에 들어가 예악
(禮樂) 군정(軍政)이 나오고, 한 시대를 몰아 수역(壽域)에 오르니
저 초목과 뭇 생물에게도 미친다.
온갖 정사를 모두 보아 하늘이 백성을 다스리는 조화를 대신하고,
우리 황실을 반석처럼 안정하게 하고, 총명예지의 본성을 다함으로
써 인류가 생긴 이래로 이보다 성대한 경우는 없었다. 우로상설(雨
露霜雪)이 모두 교화가 아님이 없어 즉 태사(太史)가 이루 다 기록
하지 못한다. 지난날 은종(殷宗)[12]이 나라를 안정시킨 날로 마침내
주나라가 천명의 아름다움을 받는다.

---

9) 『서경(書經)』 홍범(洪範)에 "다섯 번째 황극은 제왕이 나라를 다스리는 표준이 될 만한 지극히
  올바른 법칙을 세우는 것이다. 오복을 거두어들여 백성들에게 베풀어 주면 그 백성들도 그대의
  법칙에 대하여 그대에게 그 법칙을 보호해줄 것이다. (五皇極 皇建其有極 斂時五福 用敷錫厥庶
  民 惟時厥庶民 于汝極 錫汝保極)" 여기서 황극은 황제의 등극을 가리킴.

10) 홍범구주(洪範九疇)에 있는 정치 도덕의 아홉 가지 원칙 중 아홉 번째로 권하고 격려하여 힘
  쓰게 할 때는 오복으로써 하고 징계할 때에는 육극으로써 한다. (次九曰 嚮用五福 威用六極)
  오복은 수(壽) 부(富) 강녕(康寧) 유호덕(攸好德: 도덕 지키기를 낙으로 삼는 일) 고종명(考終
  命: 제명대로 살다가 편안히 죽음)이다.

11) 『한서(漢書)』 권65 동방삭전 태계육부 주(東方朔傳 泰階六符 注) 고대 별자리 이름으로 삼계
  (三階)라고도 한다. 상계(上階)의 윗별은 천자에, 아랫별은 여주(女主 여왕)에 해당되고, 중계
  (中階)의 위는 제후(諸侯) 및 삼공(三公)에, 아래는 경대부(卿大夫)에 해당하고, 하계의 위는 사
  (士)에, 아래는 서민(庶民)이 해당하며, 이것이 위차(位次)를 잃지 않고 안정이 되면 음양이 조
  화롭고 비바람이 제때에 내려, 천하가 태평해진다고 한다.

12) 은나라의 삼종으로 중종(中宗) 고종(高宗) 조갑(祖甲)을 가리킨다.

황제에 올라 연호를 세우고 견줄 수 없는 뛰어난 공적이 높아 태호 (太昊) 사(祀)에 배향되고, 태조께서 찬란하게 문물을 유신하여 아마도 단군 기자 이래로 누천년여 업적을 쌓고, 바로 이어 명·송 후 크게 한 갈래로 이어온 계통은 하늘의 뜻이 이에 있다.

Cliché du Docteur de Beurmann.

P B S

Edit. M. D. A

CORÉE (Séoul). — Pagode.

[그림 3] 장대석으로 기단공사 중인 담장

진실로 치국의 대도에 오르게 된 까닭으로 복록이 끊어지지 않아 큰 덕을 진실로 반드시 누려 성수가 무강하여, 오십일 보주(寶籌) 가 더욱 이어져 도의 합치가 아득하게 오래다. 40년간 재위하시면 서 어진 정치로 다스려 세상이 태평한 시대가 되어 더할 나위 없어, 영각에 난여(鸞輿) 광림(光臨)을 마침내 이으셨다.

삼성 고사에 기로(耆老)의 구장(鳩杖)을 특별히 하사하여 경사에 여러 신하와 함께 기뻐하며 이에 길일을 물어 경례(慶禮)를 거행하고, 푸른 숭산(嵩山)의 만세를 외치고 구작(九爵)을 올리는 천관이 찬 칼과 패옥 소리 낭랑하다. 황하를 바라보면서 천년에 한 번 맑아진다는 칭송에 만국의 인재들이 즐비하고, 그때 육로와 바닷길이 나란히 모이고 고위 관원들이 모두 기뻐하고, 사방으로 통한 큰 길거리에서 황제의 힘[13]이라는 노래를 듣고 직접 본 것이 우리에게 얼마나 행운이며, 원화(元和)가 지은 성덕지송[14]에 아마도 많은 백성이 우러러보게 될 것입니다.

이에 중서(中署) 징청방에 다른 산의 큰 돌을 떠내기 위하여 고관과 백성이 하나가 되어 재물을 내고, 공사를 감독하여 비각을 짓고, 세월과 일시가 다 길할 때 비를 세워 거북 받침돌에 비석 머리 전자(篆字)가 빼어난 황태자의 서법이 환하게 돌아, 누각이 웅장하고 나는 듯 화려합니다.[15]

황제의 덕행으로 교화하여 높이 올라 마치 하늘의 해를 묘사하고 대승상의 이름을 세상에 떨치고 문장이 훌륭하며, 구름과 연기에 통쾌하게 붓을 휘두르니 상서(尙書)와 견줄 만한 훌륭한 필치가 없다. 모두 희색이 만면하여 북두와 남산에 벌써 올라 장수를 축원하여 무궁한 터전을 세워, 위로는 하늘 아래로는 땅에 함께 장구하기를 기원하고, 영대(靈臺)의 아비의 일과 같이 백성이 자식처럼 달려와 어찌 여러 사람의 힘을 모아 부지런히 돕는 것뿐이리오, 구루(岣嶁)의 비[16]와 견주어 황제의 덕과 신묘한 공적을 멀리 영세토록 기념을 기약할 수 있도록 아름다운 축문을 올려 상량을 도와서 거든다.

여보게, 들보를 동으로 올리세
붉고 둥근 상서로운 해가 뜨는 동쪽 바다
한낮에 문명한 운은 정당하다네

---

13) 요임금 때 어떤 노인이 지었다는 격양가(擊壤歌)에 "해가 뜨면 일어나고 해가 지면 쉬면서, 내 샘을 파서 물 마시고 내 밭을 갈아서 밥 먹을 뿐이니, 임금님의 힘이 도대체 나에게 무슨 상관이랴(日出而作 日入而息. 鑿井而飮 耕田而食 帝力於我何有哉)"

14) 『한창려집(韓昌黎集)』 권1 한유(韓愈)가 당 헌종이 이룩한 중흥의 업적을 기리기 위하여 4언의 고체로 지은 원화성덕시(元和聖德詩)를 말한다.

15) 『시경(詩經)』「사간(斯干)」추녀가 마치 "새가 놀라 낯빛을 변함과 같으며 꿩이 날아가는 것과 같다. (如鳥斯革 如翬斯飛)"

16) 전설상의 하(夏)나라 우(禹) 임금이 치수할 때 주문(籀文)으로 쓴 비이며 호남성 형산현(衡山縣) 운밀봉(云密峯)에 있다.

두루 비추니 물건마다 모두 미친다.
여보게, 들보를 서로 올리세
하늘에 있는 궁궐이 오색구름과 가지런하네
성인이 가만히 앉아 한량없는 수를 누리고
온 나라가 태평성대를 이루게 되었다.
여보게, 들보를 남으로 올리세
우뚝 솟은 남산에 맑은 산 기운이 어리고
나라의 태평을 칭송한 글을 비석에 새기기를 마치니
원기가 창창하여 세상에 비길 데가 없이 머금는다.
여보게, 들보를 북으로 올리세

[그림 4] 광무 8년(1904년) 5월 초순 준공 시 태극기를 교차한 가운데
조야송축소기를 세웠다.

무수한 별이 숲이 우거진 모양으로 자극성을 둘러싸고
영수각에 자주 사연(賜宴)을 여니
뭇 신하들이 절을 올리는 것이 한 해 끝이 없다.
여보게, 들보를 위로 올리세
천심은 황제를 사랑하기에 모두 우러러보고
해 달 별이 궤도를 순행하니 비와 바람이 조화로워
천 년이고 만 년이고 황도가 넓게 펼쳐진다.
여보게, 들보를 아래에 올리세
도성의 열두거리 푸른 기와가 줄을 잇고

단청 누각이 구름 높이 솟아 돌처럼 오랜 세월 누리니
조야가 모두 성심으로 기뻐하고 축하한다.
삼가 바라옵건대
상량 후 집이 크고 아름다우며 영원히 새롭구나
아주 경사스러운 일이 거듭 다가오고
한 사람에게 경사가 있으면 해옥주첨하시고
만백성의 마음이 이끌려 나라 융성을 칭송하며 급히 짓는다.

　　　정 2품 정헌대부 홍문관학사 남정철 찬
　　　종 1품 숭록대부 의정부참정 김성근 서
임인년(1902년) 9월 18일 술시 상량

(원문)　朝野頌祝所
光武六年壬寅 月 日
紀念碑閣上樑文

大韓帝國
大皇帝 寶齡望六旬 御極四十年稱 慶紀念碑閣上樑文
伏以建皇極歛時嚮福泰垾方享,來庶民不日告功豊碑斯屹,是聖
曠千載慶,允爲傳萬世圖,欽惟我
統天隆運肇極敦倫正聖光義明功大德堯峻舜徽禹謨湯敬應命立紀至化
神烈巍勳洪業啓基宣曆乾行坤定英毅弘休大皇帝陛下,纉祖宗基,冠帝
王業,得位得祿得名得壽大德如天,乃聖乃神乃武乃文至治偃草,宇宙歸
範圍之內車書玉帛之皆通,風雲入造化之中禮樂兵政之自出,颾一世而
躋壽域曁彼草木群生,摠萬幾以代天工奠我磐石宗國,聰明睿智以盡性
自生民未有盛焉,雨露霜雪無非敎卽太史不勝書者,頃當殷宗靖邦之日,
遂致周家受命之休陟 元后而建元年巍乎功烈旡競,祀太昊而配 太祖
燦然文物維新,盖自檀箕來屢千年餘 帝業肇枡,直接宋明後大一統緖天
意攸存,大猷允升所以福祿之未艾,盛德必享猗歟 聖壽之旡彊,望六旬
寶籌彌長道協悠久,歷四紀治化莫尙世致郅隆,　靈閣之鸞輿光臨聿追,
三聖故事,耆老之鳩杖特賜嘉與諸臣同歡,爰諏吉辰,式稱慶禮,呼碧嵩
而進九爵千官之劍佩璘瑲,瞻黃河而頌一淸萬國之衣冠濟濟,于時,梯航
並湊,簪紳胥欣,康衢聽帝力之謠何幸於吾身親見,元和撰　聖德之頌庶
幾爲衆民聳瞻,乃就中署澄淸之坊,爰伐他山晶晶之石,輸財董役卿士民
庶之大同,建閣竪碑歲月日時之皆吉,龜頭鳳篆倬　睿章以昭回,鳥革翬
飛翼 皇風而高擧,宛然摹畫天日大丞相之名世高文,快哉揮灑雲烟賢尙

書之絶代健筆,擧有喜色祝已騰於北斗南山,建無窮基願同久於上天下
地,若靈臺之父事子赴奚但衆力佽助之勤,媲峋儢之 聖德神功可期永世
紀念之遠,載陳善頌,助擧修樑,兒郞偉抛樑東,扶桑瑞日一輪紅,正當亭
午文明運,物物咸歸普照中,兒郞偉抛樑西,天中宮闕五雲齊,聖人坐享
無量籌,共使八荒仁壽躋,兒郞偉抛樑南,南山秀出抱晴嵐,石顔鐫就昇
平頌,元氣蒼蒼萬古涵,兒郞偉抛樑北,列宿森然環紫極, 靈壽閣中錫宴
頻,群臣拜獻年千億,兒郞偉抛樑上,天心仁愛人皆仰,三光順軌雨風調,
萬歲千秋 皇道蕩,兒郞偉抛樑下,十二天街鱗碧瓦,畵閣出雲石永年,誠
心懽祝均朝野,伏願上樑之後,輪煥長新,吉慶荐至,一人有慶海屋之籌
多添,兆庶歸心阜岡之頌屢作,

　　正二品正憲大夫 弘文館學士 南廷哲 撰
　　從一品崇祿大夫 議政府參政 金聲根 書
　壬寅九月十八日 尣時上樑[17]

　공사는 신속하게 추진되어 11월 말 거의 완성되어 간다.[18] 그러
나 작년 9월부터 공사를 시작한 후 보조금 수입액이 3만여 원에 인
원이 1,770여 명이 투입되었으나, 공사비가 부족하여 건물이 완공
되지 않아 광무 7년(1903년) 2월 말에는 13도 각부군各府郡에 보
조금을 요청하는데, 관찰사는 100원, 군수 1등은 80원, 2등은 70원,
3등은 60원, 4등은 40원으로 정하고, 군군郡 경내의 벼슬아치와 유생
들에게도 군수의 예에 따라 등급을 정하고 별유사別有司를 내세워
파견한다.[19]

---

17) 『기념비각상량문』 남정철(南廷哲) 찬 조야송축소 1902(독립기념관)

18) 『황성신문』 광무 6년(1902년) 11월 29일 「기념비각」 近日 其工役이 垂完ᄒᆞᄂᆞ딕 碑閣의 建築
　　이 宏麗ᄒᆞ고 竪立이 亦迅速多ᄒᆞ다러

19) 『황성신문』 광무 7년(1903년) 2월 27일 「송축보금(頌祝補金)」; 3월 2일 「훈수보금(訓收補金)」;
　　광무 6년(1902년) 8월 29일 원조금액기(願助金額記)를 보면 의정부 의정(議政) 윤용선 500원,
　　육군부장 민병석 1,000원, 육군부령 이창구 800원 외 30인이 모금한 보조금 6,560원이 보인다.

[그림 5] 해학적인 모습으로 여의주를 물고 웃고 있는 용(龍)의 꼬리가 홍예문 뒤로 양각되어 있다.

광무 7년(1903년) 2월 27일 비석은 이미 남포藍浦에서 가져온 돌을 쓰면 되나 비석 받침돌로 쓸 귀부석龜趺石이 없어, 이전에 홍릉 능역에서 쓰고 남은 돌을 쓰기 위해 힘이 센 소 80여 쌍을 끌어 운반하고, 4월 상순에는 기념비의 글자 새김이 끝나 이후 건물이 완공되자, 9월 2일 오전 10시 30분에 비를 세운다.[20] 한편, 어극 40년 칭경예식의 원유회苑遊會와 각국 대사의 접빈소를 동궐 즉

---

20) 광무 7년(1903년) 9월 2일 오전 10시 30분에 비를 세운다.;『통첩(通牒)』규17822 제9책 조야 송축소에서 광무황제 폐하의 즉위 40년을 기념하는 비를 만들어 1903년 음력 7월 11일(양력 9월 2일) 사정 2각(巳正二刻)에 비를 세울 것이라는 보고, 광무 7년(1903년) 음력 7월 9일, 발신 조야송축소 사무장 민병석, 수신 외부대신

창덕궁 후원 옥류천玉流泉으로 정하였으나, 가을에 경복궁 북서쪽인 농상소農桑所로 또 북장동北壯洞 농상소農商所[21)로 잦은 변경을 하다, 광무 7년(1903년) 2월 하순에 결국 옥류천으로 정하고, 정자 보수와 전화선 가설 등을 날마다 감독을 한다.[22)

> "龜趺搬運 朝野頌祝所에셔 紀念碑를 竪立홀 터인딕 碑石은 旣往 藍浦에셔 浮來흔 件이 有하되 碑石坐版衣 龜趺石을 未得ᄒ야 近日 東大門外에 前日 洪陵 陵役에 供用ᄒ던 浮石所에셔 該龜趺石을 浮取ᄒ야 將次 門內로 運入홀 터인딕 趺石이 甚히 宏大홈으로 各處로 大牛 八十餘隻을 驅致ᄒ야 日昨붓터 搬運흔다더라"[23)

> "紀念立碑 朝野頌祝所에셔 各府部院廳에 公函하되 御極四十年稱慶禮式 紀念碑閣을 今已 竣工하얏슨 則 今日 上午 十時에 立碑한다더라"[24)

광무 7년(1903년) 9월 10일 내부內部는 관하 각 군郡에 보조금을 조속히 올리라고 독려를 하고[25), 10월 27일에는 경기도 양근陽根의 분원공소分院貢所에 전全 의관議官이 속히 만들어 달라는 부탁을 하면서, 황토현 어비각御碑閣 담에 덮을 기와를 청색으로 구워 만들라고 치수와 견양지見樣紙를 갖다 준다.[26) 9월 2일 입비立

---

21) 창의문 내 북서(北署) 농상소(農桑所)는 지금의 청운동 경기상고 경복고 청운초교 일대로 일제 강점기에 경성식림묘포(京城植林苗圃)가 되고, 인왕산 아래 농상소(農商所)는 경복궁 서편 효자동 창성동 통의동 일대이다.

22) 『황성신문』 광무 7년(1903년) 2월 25일 「원유회 처소 경정」 4월 11일 「동역심급(董役甚急)」

23) op. cit. 광무 7년(1903년) 2월 28일 「귀질반운(龜趺搬運)」

24) op. cit. 광무 7년(1903년) 9월 2일 「기념입비(紀念立碑)」

25) 『황성신문』 광무 7년(1903년) 9월 10일 「훈수비조(訓收碑助)」

26) 『국역 하재일기』 7 서울시사편찬위원회 편저 서울시사편찬위원회 2009 p91 九月 八日 戊子 陰 韓甫如自京下來 言京城黃土峴 御碑閣牆垣蓋覆瓦甓 以靑色造燔之意 尺數與見樣紙持來 而全議官 托以速造云 故沙土爲先捆取 榮義自京歸來 저자는 공인(貢人) 지규식(池圭植 1851~?)으로 알려져 있다. 사진을 살펴보면 전면 및 측면의 치장 벽돌 담장 갓이 기와가 아닌 벽돌로 되어있어 청기와는 어디에 쓰였는지 의문이다.

碑 전 사진을 보면 비각은 완료가 돼 있으나, 외곽 담장은 공사비가 부족하여 아직 일이 진행되지 않고 지지부진하여 보조금 모금을 독려하나, 연이은 흉년에 무리한 모금으로 민심이 나빠져, 광무 8년(1904년) 1월 7일 경상북도 관찰사 이윤용李允用은 석고비전石鼓碑錢과 조야송축소朝野頌祝所 보조금 수납을 그만둘 것을 내부內部에 보고하지만[27] 민원은 4월 초까지 보인다. 이러한 우여곡절 속에 공사하여 광무 8년(1904년) 5월 초순 무렵 공사를 완료한 것으로 보인다.

건물은 지면에 기단을 2단 쌓고 바닥에 전돌塼乭을 깔아, 그 위에 정면 3칸 측면 3칸의 정자형井字形 다포식多包式 건물을 세웠다. 그 둘레에 돌난간을 세우고 난간 기둥 위에 사신四神과 12지지地支의 각 방향에 해당하는 동물을 배치하는데, 동쪽은 청룡靑龍, 묘卯(토끼), 묘, 청룡을, 서쪽은 백호白虎, 유酉(닭), 유, 백호를, 남쪽은 주작朱雀, 해치獬豸, 오午(말), 오, 해치, 주작을, 북쪽은 현무玄武, 해치, 자子(쥐), 자, 해치, 현무를 앉혔다. 그 앞에 홍예문을 세우고 가운데 만세문萬歲門 영왕 6세서英王六歲書라 쓰고 위에 주작과 좌우에 용을 앉혔는데, 눈썹을 살짝 찌푸린 왕방울 눈과 볼에 주름이 지도록 활짝 웃는 멋쩍은 표정은 너무나 해학적이며 귀엽기까지 하다. 문은 살 끝에 귀면鬼面 문양이 장식되어 있으며 빗장 앞에 태극문양이 있는 철문을 달았다.

---

27) 『황성신문』 광무 8년(1904년) 1월 7일 「만난수보(萬難收補)」

3. 비문 국역

[그림 6] 비에 전액(篆額)과 비문이 쓰여 있고 이수(螭首)에는 오얏 문장과 좌우로 용이 새겨져 있다.

비석은 귀부龜趺 비신碑身 이수螭首로 구성되어 있는데, 비 맨 위에 당시 황태자의 글씨로 전제篆題가 새겨져 있다. 비문의 구성은 서書와 송頌 부분으로 나누어지며, 내용은 신민이 몹시 바라고 만국의 운수와 기회에 순응하여 환구단圜丘壇에서 천지에 제사를 지내고 황제위에 오른 다음, 천하를 이름하여 대한이라 하며 연호를 광무光武라 정하고, 광무 6년(1902년)은 황제 폐하께서 등극한 지 40년이자 보령寶齡 51세로 망육순이 되는 해이므로 기로소耆老所에 입기사人耆社하게 된 것을 기념하기 위해 이 비석을 세웠다고 하고 있다.

예필(睿筆) 대한제국이황제보령망륙순어극사십년칭경기념비송

대한제국 대황제 보령 망육순 어극사십년칭경 기념비송병서
하늘이 대성인을 탄생시켜 인의용지(仁義勇智)의 덕(德)을 부여하였으면 또 반드시 명위녹수(名位祿壽)의 복(福)을 주어 그 덕과 맞도록 한다. 이것을 대덕홍복이라 말하니 이를테면 제왕이 된 요순

우탕문무(堯舜禹湯文武)의 임금 됨이 그것이다.

우리 태조 고황제께서는 거룩하고 성스러운 장수를 누려 대업을 이루어 전하였고, 그 이후로 역대의 성군이 뒤를 이어가며 전후에 걸쳐 수없이 복을 쌓아온 지 거의 5백 년이 되었다. 그러한 후에 우리 통천융운(統天隆運) 조극돈륜(肇極敦倫) 정성광의(正聖光義) 명공대덕(明功大德) 요준순휘(堯峻舜徽) 우모탕경(禹謨湯敬) 응명입기(應命立紀) 지화신열(至化神烈) 외훈홍업(巍勳洪業) 계기선력(啓基宣曆) 건행곤정(乾行坤定) 영의홍휴(英毅弘休) 황제 폐하께서 태어나, 뛰어난 문무의 자질은 모든 제왕 중에 으뜸으로 신명(新命)을 크게 받아 정신을 가다듬고 정사에 힘썼다. 기강을 잡아 확고히 세웠으며, 만물의 뜻을 깨달아 모든 일을 이뤘다. 어질고 은혜로움이 만민에게 미칠 것으로 짐작되고, 신의가 멀리 있는 사람의 위로를 나타내니, 공은 조상보다 빛이 나고 그 복을 자손에게 전하였다. 중흥의 성대하고 빛남은 우주처럼 크고 일월처럼 빛나, 금궤의 사책(史册)으로도 그 훌륭함을 다 기록하지 못하고, 덕이 구름이 이는 것처럼 일어나는 그 덕을 다 표현하지 못하였다.

이에 음력 정유(丁酉)년 9월에 신민이 몹시 바라고 만국의 운수와 기회에 순응하여, 환구단(圜丘壇)에서 천지에 제사를 지내고 황제의 높은 자리에 올라, 천하를 이름하여 대한이라 정하고 연호를 광무(光武)라 하니, 참으로 단기라려(檀箕羅麗) 4천 년 이래 처음 있는 일이었다. 올해 임인(壬寅)년은 즉 황제 폐하께서 등극한 지 40년이자 보령(寶齡)이 60세를 바라보는 해이다. 이미 백관(百官)의 하례를 받았고, 유사(有司)에게 명하여 기사(耆社)를 수리하였으며, 좋은 날을 택일하여 영수각(靈壽閣)에 참배하고 기로소(耆老所) 신하에게 친히 잔치를 베풀어, 고황제 이하 세 임금의 고사(故事)를 이었다.

9월 17일(양력 10월 18일)에는 크고 성대한 의식의 칭경례(稱慶禮)를 행하여, 안으로는 황태자 전하께서 삼가 백관을 거느리고 표(表)를 바쳐 하례를 드리고 장수를 비는 술잔을 올리고, 밖으로는 사방의 만국이 또한 파견한 사절이 와서 하례를 올리려는 고관의 왕래가 끊이지 않았다. 오르내리는 모습은 당당하고 위엄이 있고, 올리는 잔은 질서 정연하며, 지키는 병사는 촘촘하고, 하사한 잔치는 풍성하여 온갖 것이 화합하므로 바람과 구름도 빛을 더하였다. 그리하여 이 세상의 모든 인류는, 위로는 공경대부(公卿大夫)로부터 아래로는 수많은 백성에 이르기까지 모두 매우 기쁘고 만족스럽게 화목한 모습으로 춤을 추며, 우리는 다행히 이 성인의 세상에 태어

났다고 하였다. 육군부장(副將 중장) 민병석(閔丙奭)과 부령(副領 중령) 이창구(李昌九) 등은 함께 비석을 깎아, 성덕을 칭송하여 하늘이 내린 경사에 답하고 기념비라고 하였다. 이것을 황성(皇城) 중서(中署) 징청방 기로소의 남쪽에 세웠는데 전자(篆字)는 황태자 전하께서 친히 쓴 것이다.

[그림 7] 게시판 오른쪽에 聖壽萬歲(성수만세) 중 萬(만) 자가 살짝 보인다.

신(臣)이 삼가 보건대 주시(周詩)에 '길이 천명에 합치되면 스스로 많은 복을 구함'이라는 말이 있다. 저 요순우탕문무(堯舜禹湯文武)가 가졌던 명위녹수(名位祿壽)의 복은 비록 하늘로부터 나왔지만, 그 사실은 다 스스로 구한 것이며, 스스로 구한 그것은 능히 겸손하고 삼가하여 인의용지(仁義勇智)의 덕이 끝까지 순수해 마지않은 것이다. 이로 보면 이제 우리 황제 폐하께서 처음부터 끝까지 꾸준히 힘쓴 것은 곧 요순우탕문무의 덕이며, 그 명위녹수(名位祿壽)의 복이 자손만대에까지 미치는 것은 다 스스로 구한 것일 뿐이니, 어찌 아름답지 않으며 훌륭하지 않은가. 신은 크게 기원하는 마음을 억눌러 참아내지 못하고 머리를 숙여 절을 올리고 이에 송(頌)을 드린다.
"밝고 밝은 우리 황제 그 덕을 하늘이 내리셔
참으로 문무를 갖추고 지용(智勇)을 다 갖추었네.
다스리는 부지런함은 즉위한 그로부터였으니
수많은 백성에게 은혜를 베풀고 만방에 신임을 얻었네.

[그림 8] 담장에 치장 벽돌로 쓴 聖壽(성수)가 보인다.

안팎이 없이 가없이 드넓고 간절하고 지극하게 어짊이
이미 덕을 이루어 하늘이 다 살펴
천심을 사로잡아 황제위를 내려 주니
오직 이 황제위는 우리나라의 처음일세.
천지가 다시 열리고 일월이 더 환하니
온갖 신령 흥겨워 앞다투어 내려와 흠향하누나.
춘추는 쉰하나요 등극한 지 사십 년인데
올해야말로 천추에 가장 길할 때일세.
기로소 수리하여 선왕의 규범을 따라 행하고
뒤이어 길일 찾아 경축 의식 크게 행했네.
황태자는 효성 펴서 색동옷으로 춤추어 기쁨 드리고
모든 나라 사절 보내 축하하니 하사한 잔치 화려하였네.
위로 높은 관리에서 아래로 서민에까지
살아 숨 쉬는 자는 어느 뉘 즐겁지 않을 손가.
취하고 배불러 노래하고 흥얼거리며
아침에 노닐고 저녁에도 노닐었네.
네거리에 비석 세워 큰 글씨로 깊이 새기니
새긴 것은 무엇인가 수많은 사람 한마음으로 축원함일세.
끝없이 높은 하늘처럼 한없이 두꺼운 땅처럼
우리 황제의 덕이 날로 커지며,
더욱 번영하고 더욱 강녕하여

천만 년토록 하늘 도움 길이 받으리.
북한산 드높고 한강물 넘실대는데
신은 찬양시 올려 감히 큰 글에 붙이옵니다.

정1품 대광보국숭록대부 의정부의정 훈1등 신 윤용선 삼가 찬
종1품 숭록대부 원수부회계국총장 육군부장 훈2등 신 민병석 삼가 서
　광무 6년(1902년) 임인년 9월 일 조야송축소에서 세움

(원문)
　睿筆 大韓帝國李皇帝寶齡望六旬御極四十年稱慶紀念碑頌
大韓帝國 大皇帝 寶齡望六旬 御極四十年稱 慶紀念碑頌幷序
天生大聖人 畀以仁義勇智之德 則又必畀之以名位祿壽之福 以稱其
德 是之謂大德洪福 如堯舜禹湯文武之爲帝爲王 是已 惟我
太祖高皇帝 神聖壽考 肇垂大業 自是厥後 列聖相承 褆前祉後 以積
崇累厚者 殆五百年 然後我統天隆運肇極敦倫正聖光義明功大德堯峻
舜徽禹謨湯敬應命立紀至化神烈巍勳洪業啓基宣曆乾行坤定英毅弘休
皇帝陛下作焉 英文神武 卓冠百王 誕膺新命 勵精圖理 惇紀立極 開
物成務 推仁惠以及萬姓 昭信義以徠遠人 功光于祖宗 裕垂于子孫中
興盛烈 彌宇宙而炳日月 金櫃之史 不足以盡書其美 雲門之樂 不足以
盡象其德 迺以陰曆丁酉九月 副臣民之至願順萬國之運會 合祀天地
於圜丘 進登皇帝大位 定有天下號曰大韓 建元曰光武 實檀箕羅麗四
千年以來創有之擧也 今歲壬寅 卽皇帝御極之四十年 而寶齡爲望六
旬矣 旣受百官賀 命有司修耆社 涓日拜靈壽閣 親宴耆臣 以繼高皇帝
以下三聖之故事 至九月十有七日 大擧縟儀 行稱慶禮 內而皇太子殿
下 祗率百工 進表稱賀 奉觴上壽 外而四方萬國亦各遣使來賀 冠盖絡
繹 登降蹌蹌 獻酬秩秩 蒐兵閒閒 錫饗洽洽 萬和大合 風雲動色 于是
凡海內圓顱方趾含生之類 上自公卿大夫 下至群黎百姓 莫不欣欣熙
熙手舞足蹈曰 吾儕幸生此聖人之世也 陸軍副將関丙奭 副領李昌九
等相與鑴一石 載頌聖德 用答天慶 名曰紀念碑 樹之于皇城中署澄淸
坊耆社之南 其篆字則皇太子殿下所親書也 臣伏觀周詩有曰 永言配
命 自求多福 夫堯舜禹湯文武所有名位祿壽之福 雖出於天 而其實皆
自求也 其所以自求者 以其能撝謙戒謹 使仁義勇智之德 終始純一而
不已也 以此觀之 今我皇帝陛下所以終始勉勉者 卽堯舜禹湯文武之
德 而其名位祿壽之福之施及子孫萬世者 皆所以自求而已 豈不休哉
豈不盛哉 臣不勝大願 敢拜手稽首 系之以頌曰
明明我皇 厥德天縱 允文允武 允智允勇 孜孜爲治 自厥初服 恩于兆

民 信于萬國 無內無外 浩浩肫肫 德成于已 監在于天 天心嘉止 錫以
大號 惟此大號 我邦之肇 乾坤改廓 日月加朗 百神愉愉 爭來就饗 寶
齡望六 御極四十 今玆之歲 千載元吉 旣修耆社 昭述先規 繼選吉日
大擧慶儀 睿孝孔伸 舞綵之喜 萬國來賀 錫饗之侈 上自冠劒 下至韋
布 凡有血氣 孰不悅豫 醉我飽我 歌我謠我 朝以翔我 夕以翱我 立石
通衢 大書深刻 厥刻伊何 萬心同祝 天不厭高 地不厭厚 我皇之德 日
以富有 于以熾昌 于以康壽 於千萬年 永受天佑 漢山 嶽嶽 漢水泱泱
臣拜揚詩 敢托大章
正一品大匡輔國崇祿大夫議政府議政勳一等 臣尹容善 敬撰
從一品崇祿大夫元師府會計局摠長陸軍副將勳二等 臣閔丙奭 敬書
光武六年壬寅九月 日 朝野頌祝所建"[28]

4. 변천 과정

일제의 강점으로 1911년 11월 29일 중부
황토현黃土峴 옆의 기념비전, 북부 관광방觀
光坊의 전전 도서과圖書課와 부속지, 남부 둔
지방芚芝坊의 전생서典牲署 기지, 중부 황토
현의 기로소耆老所 토지 건물 등이 총독부
소관으로 넘어간다.[29] 기념비전 앞의 아치형
만세문은 일제가 1926년 8월부터 12월까지
종로1가 도로 개수공사로 철거되어[30], 고죠
바이케이古城梅溪(1860~1931)가 지금의 필

[그림 9] 찬화의원 원장
고죠 바이케이(古城梅溪)

동인 대화정大和町 3정목丁目 1번지 왼쪽에 흐르는 작은 냇가로 잠시

---

28) 국립문화재연구소> 문화유산 연구지식포털> 미술> 한국금석문> 서울 고종 어극 40년 칭경기념비

29) 『순부(純附)』 2권, 4년(1911 辛亥) 11월 29일 1번째 기사 二十九日. 中部黃土峴記念碑閣、北部觀
光坊元圖書課及附屬地、南部芚芝坊典牲署基址、中部黃土峴元耆老所土地建物, 引繼丁總督府.

30) 『동아일보』 1926년 12월 29일 3면 「지금은 복청교 혜정교의 내력」; 『매일신보』 1925년 11월
19일 2면 「종로 개수공사와 종로 상계의 액운」

옮겨다가 충무로인 본정本町 2정목 16번지의 자기 집 앞에 세웠던 것을31) 1953년 복원공사 때 제자리로 돌아온다.32)

1931년 6월 총독부 학무국 종교과에서 경성부에 있는 건물 중 경복궁 근정전 광화문 숭례문 독립문 장충단 종각 기념비전 등 37곳을 조선고적명소 천연물보존령과 보물보존령寶物保存令에 의하여 지정되고33) 이후 정부는 1969년 7월 18일에 사적 제171호로 지정한다.

[그림 10] 일제 강점기에 만세문과 담장이 훼철되고 없다.

기념비전의 복원공사는 1차는 6・25 전란으로 숭례문과 같이 지붕이 파괴된 것을 이승만 대통령의 특명으로 이를 수축하고자 서울

---

31) 『경성부사(京城府史)』 1권 경성부 편 경성부 1934 p698;『가정신문』 1946년 7월 5일 2면 「서울의 고적 순례 38 기념비」 윤백남;『경성부관내지적목록』 1917년 대림도서출판사 1982 p41 대화정 3정목 1번지는 고죠 바이케이(古城梅溪) 소유의 땅으로『경성부일필매지형명세도』카와이 신이치로(川合新一郎) 편 조선도시지형도간행회 1929 p114 의하면 왼쪽으로 작은 시내가 있다. 『동아일보』1975년 9월 2일 자「그래도 막은 오른다. 5」최초의 극장 ①에서 차범석(車凡錫) 선생은 만세문을 청향원(淸香園 본정 2정목 14) 요정 정원에 세워진 것을 옮겼다 하나 청향원은 후치카미 사다스케(淵上貞助) 소유로 옆집에 있는 것을 착각한 것이다.

32) 『조선일보』1953년 5월 19일 「만세문도 옛터로」

33) 『동아일보』1931년 6월 9일 「종교과에서 초안 완료 고적과 보물보존령」

시 교육국 문화과 주관으로 1952년 10월 10일 착공하여 12월 초에 착수하고 건물을 전부 해체하였으나, 중앙정부의 국비 보조가 제대로 지원이 되지 않아 지지부진하다가 1953년 4월 30일 상량식을 하고 7월 말로 완료가 되어 8월 초에 단청을 시작한다.[34]

2차 복원은 1979년 9월부터 시작하여 1980년 2월 말까지 완료로 해체를 하였는데, 대들보 안에서 건립 당시 때의 상량문과 지름 5.3cm의 원형 은판이 3개가 발견되었다. 상량문은 붉은 비단에 은박으로 쓴 것으로 오랫동안 기온과 습도의 변화로 판독이 어려울 정도로 퇴색되어 있었고, 원형 은판은 화재 예방을 기원하고자 양면에 중앙과 사방에 물 水(수) 자가 다섯 자 쓰여 있었다.[35]

5. 맺음말

[그림 2]의 사진 아래에 '경성 고 민비의 영옥京城 故閔妃ノ靈屋'이라는 글귀로 원래 명성황후의 넋을 기리기 위한 사당이었을 것으로 보는 견해가 있으나, 이는 건축 당시 비석의 받침돌로 쓸 귀부 석龜趺石이 없어 청량리 명성황후明成皇后의 홍릉 능역에서 쓰고 남은 돌을 갖다 썼기 때문에 생긴 의혹이며, 군인들 모습은 일제가 대한제국을 침탈하기 위하여 비밀리에 전국 각지의 건축물들을 조사하고 떼 가는 등 유물들을 훼손하기 때문에 중요한 곳에는 이를

---

34) 『경향신문』 1953년 3월 11일 「당국 무성의로 서울시 문화재 보수작업 차질」, 5월 2일 「삼십일에 상량식」, 『조선일보』 1953년 5월 1일 「남대문과 비각」, 7월 30일 「남대문 보신각 등 8.15엔 수리 완료」, 11월 5일 「서울 고적 수리비, 월내 지급」

35) 『동아일보』 1979년 12월 27일 「복원되는 광화문 비각 대들보서 상량문 방화 부적 은판 등 발견」; 1980년 1월 4일 「광화문 비각 새 모습 드러내…복원공정 98%」

막기 위하여 군인들을 배치하였다.

지금은 없어졌지만 언젠가부터 만세문 앞에 소나무가 있어 기념비전 시야를 가리었는데, 이는 1929년 9월 월간지 별건곤別乾坤에 실린 서울의 동리洞里 이름 풀이 기사에 기념비전 뒤로 화동花洞의 복주 우물로 가는 길에 성삼문成三問이 그곳에 살 때 손수 심은 소나무가 수십 년 전까지도 있어 수식송手植松이라는 석주石柱가 있었는데, 지금은 고사하고 석주는 빈터에 넘어져 있다[36)]는 글을 보고, 이를 복원한다고 심은 것으로 보이는데, 화동의 소나무는 기념비전 뒤에 있었던 것이 아니고 지금의 정독도서관 좌측 성삼문 집터인 화동 23번지 9호에 있어 아무런 상관이 없는 것이 심겨 있었던 셈이다.

기념비전을 기념비각 또는 비각으로 부르는 것을 우리는 일제가 기념비전의 격을 깎아내리기 위하여 불렀던 일제의 잔재로 인식하고 있었으나, 건축 당시의 황성신문을 보면 비를 보호하기 위한 건물은 비각으로 불렀던 예를 볼 수가 있는데, 궁궐의 전殿과 같이 양성兩城 추녀마루에 잡상이 일곱 개가 있는 것을 볼 때 일반적인 비각과는 격이 다름을 알 수가 있다.

비록 예전에는 우리가 미처 사료가 부족하여 원형대로 복원할 수 없었지만, 이제는 다소 부족한 점이 있지만 고사진을 통하여 기념비전의 원형을 충분히 확인할 수 있는 만큼 지금이라도 문화재 관계기관은 복원 의지를 갖고 제대로 복원을 하여, 광화문 길이 대한민국의 진정한 상징길이 될 수 있도록 하여 만세에 전하여야 할 것이다.

---

36) 『별건곤』 제23호 개벽사 1929년 9월 27일 「경성명물집」, 「경성 동정명(洞町名)의 유래 급 금석(今昔)의 비교, 서울의 동리 일흠 푸리- 동명 하나에도 사적 유래가 잇다.」

대한제국에 나부낀
어기御旗와 군기

1. 머리말

기旗는 천이나 종이 같은 데에 글자나 그림 부호 등을 그리거나 색으로 특정한 뜻을 나타내는 표상으로써 국가나 군대 그 밖의 단체 시설 혹은 선박 등에 표장으로 사용되는 것이다. 일반적으로 정해진 형태 도안 색채를 가지고 있으며, 종교의식에서는 위의威儀를 갖추고, 전쟁에서는 피아彼我의 식별, 부대 편성 등 주로 의례와 군사적인 목적으로 쓰이나, 지금은 신호·장식·축제·행렬 등에 많이 쓰이고 있다.[1]

기는 치幟·정旌·당幢·번幡 등이 있는데, 정기旌旗 기치旗幟 당번幢幡 등으로 쓰이기도 한다. 기旗는 좌우가 좁고 상하가 길며 3면에 술을 단 모양이고, 치幟는 길이가 장오척丈五尺에 너비가 반폭으로 기의 경우와 달리 반대로 폭이 좁고 길이가 길다. 정旌은 꿩의 꽁지깃으로 묶은 장목을 꽂은 깃대 끝에 늘어뜨린 기로 황제가 군사의 사기를 돋우는 데 쓰이고, 당幢과 번幡은 휘어진 깃대 끝에 등롱의燈籠衣처럼 사면이 길게 드리워진 것이다.

이 가운데 당幢은 용두龍頭 등이 있는 깃대에 단 깃발로, 부처와 보살의 위신威信과 공덕功德을 표시한 장엄구로 불전 안에 두는 소

---

1) 『한국민족문화대백과사전 4』 한국민족문화대백과사전편집부 한국정신문화연구원 1996 p377

형 당간이다. 번幡도 역시 부처와 보살의 성덕盛德을 나타내고 도장道場을 장엄 공양하기 위하여 사용하는 기로, 네 귀에 가늘게 오린 종이나 비단 따위가 장식되어 불전 앞에 단다. 한편 군대에서는 창에 기를 달아 기창旗槍으로 부르기도 한다.[2] 깃발은 원래 기폭 끝에 다른 천으로 갈개발을 덧단 것을 말하나, 요즘은 기를 깃발로 부르기도 한다.

제작 원리는 오행의 상생相生 원리가 적용되어 국가를 세우는 초기에는 오행 가운데 한 가지 덕을 취하여 사용하는데, 목덕木德(인仁)으로 나라를 다스리면 깃발과 의복 희생犧牲을 모두 청색을 숭상한다. 그리고 화덕火德(예禮)이면 적색, 토덕土德(신信)이면 황색, 금덕金德(의義)이면 백색, 수덕水德(지知)이면 흑색이다. 이러한 원리가 기의 제작에도 반영되어 황기黃旗는 중앙에 속하니 중영中營에, 홍기紅旗는 앞에 속하니 전영前營에, 남기藍旗는 왼쪽에 속하니 좌영左營에, 백기白旗는 오른쪽에 속하니 우영右營에, 흑기黑旗는 뒤에 속하니 후영後營에 사용된다.

대한제국이 제국帝國의 틀을 갖추기 위하여 기장조성소를 설치하여 광무 7년(1903년) 12월에 제정한 어기御旗와 예기睿旗 친왕기親王旗 및 군기를 살펴보고, 이후 융희 2년(1908년) 12월에 다시 마련한 재황실기 포달안을 통해 기도旗圖를 재현해 보고자 한다.

---

2) op. cit. p381

2. 기장조성소 설치

근대 국민국가로 나아가고자 한 대한제국은 제국으로서의 위엄과 엄숙한 차림새를 위하여 어기·예기·친왕기 등을 조성하는데, 광무 6년(1902년) 8월 9일 광무황제 폐하께서 군대의 편제가 이미 완료 되었으니 각 연대에 군기를 반급頒給하라는 조령을 내리고, 8월 18 일에는 어기·예기·친왕기를 지금 조성해야 하는데 일이 지극히 중대하니 따로 처소를 마련하여 궁내부 의정부 원수부元帥府에서 이 일을 감동監董하게 하고, 나라의 법을 상고하고 각국의 규정을 참고하여 제도를 품정稟定하되 군기도 같이 만들게 하라 하였다.

그리고 기장조성소旗章造成所 감동대신監董大臣에 의정부의정議 政府議政 윤용선尹容善, 감동당상監董堂上에 원수부총장 민영환閔 泳煥, 궁내부대신서리 윤정구尹定求를 임명하고[3], 8월 21일에는 감 동에 원수부 검사국원 육군 정위正尉(대위) 이기표李基豹, 의정부 주사 조영옥趙英鈺, 궁내부 주사 최홍준崔泓俊을 삼으라 하고[4], 8 월 23일에는 정원 외에 군부 기사 오정선吳禎善 송경화宋景和, 내 부 기수 홍순강洪淳康을 더 임명한다.[5]

8월 29일에는 어기·예기·친왕기와 각 연대기 8본과 기병대기 300본 조성비로 우선 3천 원을 감동대신인 의정부 의정 윤용선이 탁지부대신임시서리인 내장원경內藏院卿 이용익李容翊에게 예산외 지출을 청의한다.[6] 그러나 이듬해 그 비용으로는 부족하여, 광무 7

---

3) 『일성록(日省錄)』 규(奎)12816, 496책 광무 6년(1902년) 음력 7월 15일(8월 18일)

4) op. cit. 광무 6년(1902년) 음력 7월 18일(8월 21일)

5) op. cit. 광무 6년(1902년) 음력 7월 20일(8월 23일)

6) 『궁내부거래문첩(宮內府去來文牒)』 규17882, 6책 광무 6년(1902년) 8월 29일 조회 제1호

년(1903년) 2월 23일 국기 7건 조성비 1,282원 56전, 연대기 10건 1,170원 28전, 기병대기 300건 3,588원 22전 4리 합계 6,041원 6전 4리에서 이미 작년에 받은 3천 원을 뺀 것에 원수부조로 42원 89전 6리를 합하여 부족액 3,083원 96전의 추가 지급과 9월 29일 기장궤자旗章樻子 15좌 조성비 515원 7전 6리의 지급 요청에 10월 12일 탁지부는 의정부로 예산외 지출을 청의한다.

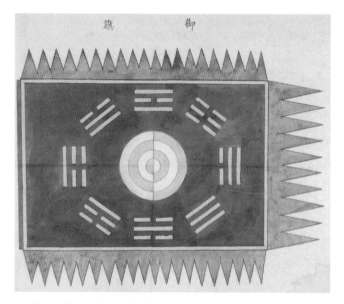

[그림 1] 고종 20년(1883년) 3월 6일(음력 1월 27일) 확정한 대조선 어기
『어기(御旗)』 규26192 편자 미상 서울대학교 규장각 한국학연구원 소장

기장조성소 설치 후 1년 2개월여의 제작 기간을 거쳐 광무 7년 (1903년) 10월 27일 감동당상 민영환은 황제 폐하와 황후 폐하, 황태자 전하와 황태자비 전하, 영친왕 저하의 기장 내입內入 일자를

일관日官 김동표金東杓가 택일한 음력 9월 13일(양력 11월 1일) 정시丁時(낮 열두 시 반에서 한 시 반까지)로 거행하겠다고 하여 폐하께서 윤허允許[7]를 하였으나, 12월 15일에 음력 11월 1일(양력 12월 19일) 병시丙時(오전 열 시 반에서 열한 시 반까지)로 다시 재가를[8] 받고, 또다시 음력 11월 8일(양력 12월 26일) 곤시坤時(오후 두 시 반에서 세시 반까지)로 재가를 받아 내입하는데[9], 유시酉時(오후 다섯 시 반부터 여섯 시 반까지)에 경운궁慶運宮(덕수궁) 즉조당에서 비서원경 윤덕영尹德榮, 비서원승 엄주한嚴柱漢 홍성우洪性友 이민영李敏英, 정승모鄭承謨 홍승두洪承斗, 비서원랑 정규년丁奎季 조남일趙南日, 기장조성소 감동당상 민영환, 첨사 조동완趙東完, 부첨사 신헌균申憲均, 시독관試讀官 박제황朴齊璜 심주택沈周澤 이병소李秉韶, 시종관 홍난유洪蘭裕 정인헌鄭寅獻 이완종李完鍾 김영덕金永德이 차례로 시립侍立한 가운데 대황제 폐하, 황후 폐하, 황태자 전하, 황태자비 전하, 영친왕 저하의 기장旗章 1면씩과 기간旗竿 1매를 민영환이 무릎을 꿇고 윤덕영에게 전히여 윤덕영 역시 무릎을 꿇고 받아 탑전榻前에 올리자, 폐하께서 몸소 보신 후에 윤덕영에게 홍기장紅旗章 2면과 기간 1매를 태자궁太子宮에게 받들게 하여 조동완이 무릎을 꿇고 올려 태자궁께서도 몸소 보신 후 돌려주자, 윤덕영이 기장 5면을 민영환에게 주어 즉조당 앞에 감동으로 하여금 기장을 매달아 나란히 세워 놓고 폐하께서 살펴보았다.[10]

---

7) 『일성록(日省錄)』 규12816, 511책 광무 7년(1903년) 음력 9월 8일(10월 27일)
8) 『관보』 청구번호 GK17289_00I0099 의정부총무국 관보과 광무 7년(1903년) 11월 24일 정오(正誤)
9) op. cit. 청구번호 GK17289_00I0100 광무 7년(1903년) 12월 26일 정오(正誤)
10) 『일성록(日省錄)』 규12816, 513책 광무 7년(1903년) 음력 11월 8일(12월 26일);『승정원일기

한편 기장 조성 공로자에게 상을 내리기 위하여 폐하께 올린 주본奏本에 덧붙인 별단別單을 보면 감동대신 궁내부특진관 윤용선尹容善, 감동당상 표훈원총재 민영환은 길이 잘든 숙마熟馬 한 필씩을 내어주고, 특진관 한규설韓圭卨에게는 품계를 올리는 가자加資한다. 감동 원수부 검사국원 이기표, 군부 기사 오정선, 송경화는 각각 길들지 않은 작은 아마兒馬 한 필씩 내어주고, 농상공부 기사 홍순강은 가자하고, 의정부 주사 조영옥은 아마兒馬 한 필을 내어준다.

궁내부 주사 최홍준은 수령守令으로 등용하고, 직조소 간사 9품 강준희姜準熙는 6품으로 올리고, 손병균孫炳均은 가자하고, 9품 이병제李秉濟는 6품에 올리고, 재봉소간사 정위正尉 대위 박승환朴昇煥과 6품 이면순李冕淳은 같이 가자한다. 기장기화旗章起畵 전화과 주사 홍의환洪義煥, 도화圖畵 주사 전수묵全修默, 서원희徐元熙는 각각 아마 한 필씩 내어주고, 그 이외 재봉 참교參校(하사) 공장工匠 등은 폐하의 재가에 따라 시상한다.[11) 이로써 황제 폐하의 어기御旗, 황태자 전하의 예기睿旗, 영친왕의 친왕기親王旗, 연대기 및 기병대기가 조성되어 제국의 위엄을 더 하였다.

3. 어기御旗 및 예기睿旗, 친왕기親王旗

어기는 광무 태황제 폐하(1852.9.8.~1919.1.21.)와 융희 황제 폐하(1874.3.25~1926.4.25)의 것이 있었으나 잘 알려지지 않았다. 대한제

(承政院日記)』 광무 7년(1903년) 음력 11월 8일(12월 26일)

11) op. cit. 광무 7년(1903년) 음력 11월 8일(12월 26일); 『황성신문』 광무 8년(1904년) 5월 17일 잡보 「별단승품(別單陞品)」 5월 15일 승품이 이루어졌다.

국 선포 후 태극기는 황제를 상징하는 기로도 사용되어 먼저 태극기를 살펴보면, 고종 19년(1882년) 5월 22일 제물포에서 조미수호통상조약을 맺은 지 약 2개월 뒤, 미국 해군부(Navy Department) 항해국(Bureau of Navigation)에서 발간한 『Flags of Maritime Nations(해양국가의 깃발)』에 지금의 태극기에 4괘의 위치가 좌우로 바뀐[12] 한

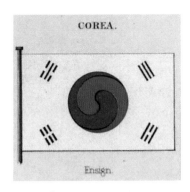

[그림 2] 『Flags of Maritime Nations』 Fifth edition, United States Navy Department. Bureau of Navigation 1882 Plate Ⅸ 한국 함기(Corea Ensign)라고 표기한 태극기

국 함기(Corea Ensign)[13]라고 표기한 기가 수록되어 있는데, 이것이 이때 최초로 사용된 대조선大朝鮮의 국기다.[14]

대한제국의 어기는 학계의 연구가 아직 미진한데 제국신문 광무 6년(1902년) 8월 16일 자 기사에 "황실 어기 궁니부에셔 칙령을 봉승ᄒ야 황실 긔호를 각체로 제조ᄒ야 연회에 시힝케 ᄒ다더라"[15]라는 어기는 이미 광무 5년(1901년) 6월 28일(음력 5월 13일) 헌종의 계비인 명헌태후의 망팔순望八旬 즉 보령 71세를 기념한 잔치를 그린 신축진찬도병辛丑進饌圖屛에 왕을 상징하는 기로 둑纛[16]과 교룡기交龍旗

---

12) 동양의 전통적인 글쓰기 진행 방향은 서양과 달리 우종서(右縱書)로 오른쪽 세로쓰기로 하여 왼쪽으로 진행되므로 오른쪽이 앞이 되어 건(乾 ☰) 괘와 이(離 ☲) 괘가 오른쪽에 있는 것이다.

13) 『Flags of Maritime Nations』 Fifth edition, United States Navy Department. Bureau of Navigation 1882. Plate Ⅸ

14) 『조선일보』 2018년 8월 14일 A8면 「미국서 찾아낸 최초 태극기 도안」 미국 국회도서관 슈펠트 문서 박스(The Papers of Robert W. Shufeldt Subject File, Box 24)의 한국 조약 항목(Korean Treat Item) 1881~82에 조약 때 사용한 태극기를 묘사한 도안이 발견되었다. 『고종 시대의 재조명』 이태진 태학사 2000 p277; 『동아일보』 1981.4.20. 11면 「태극기 원형을 찾았다.」; 『경향신문』 1981.4.20. 7면 「한중 국경분쟁 다룬 지도발견」 어기의 크기는 31.4cm × 23.9cm로 화염은 초록색이라고 한다.

15) 『제국신문』 광무 6년(1902년) 8월 16일 3면 「황실 어기」

[그림 3] 광무황제 폐하 어기 『독일인 헤르만 산더의 여행』 국립민속박물관 2006 p303

대신 태극 어기가 나타나며, 9월 8일 광무황제 폐하의 오순五旬을 기념한 잔치 신축진연도병과 광무 6년(1902년) 5월 4일(음력 3월 27일) 망육순望六旬 즉 보령 51세로 기로소耆老所에 입기사入耆事를 기념한 임인진연도병壬寅進宴圖屛의 5월 5일 중화전(현 즉조당) 진하인 4첩과 5월 30일(음력 4월 23일)의 함녕전 외진연 6첩에도 태극 어기가 보인다.

　　삼지창三枝槍 깃대강이 밑에 붉은빛 털의 삭모槊毛가 달린 붉은 깃대에 길이보다 조금 더 긴 기폭에 오방五方의 중앙인 황색 바탕에 태극이 있고17), 상생색相生色인 붉은색으로 건乾(☰) 곤坤(☷) 감坎(☵) 이離(☲)의 4괘와 가장자리에 화염火焰으로 장식하여 여섯 개의 끈을 달아 묶었다. 『독일인 산더의 여행』에서 어기에 대하여 '대한황제 폐하 몸기'라고 표현을 하고 있다.18)

---

16) 『國朝五禮序例(국조오례서례)』 Vol:곤(坤) 권4 신숙주 등 수명 편, 군례> 형명도설(刑名圖說) p142 『운회(韻會)』에서는 모우(旄牛 털이 긴 소)의 꼬리로 만들며 왼쪽 곁말(비마騑馬)의 머리에 싣는다. 『광운(廣韻)』은 크기가 한 말들이 말(두斗)과 같다고 하고, 『이의실록(二儀實錄)』은 검은 비단(조증皂繒)으로 만드는데 치우의 머리와 비슷하다. 군대가 출발할 때 독(纛)에 제사를 지낸다.; 『兵將圖說(병장도설)』 세조 찬정 p41

17) 광무 5년(1901년) 9월 7일(음력 7월 25일) 광무황제 폐하 만수성절의 오순(五旬) 진연을 그린 병풍인 신축진연도병(辛丑進宴圖屛)과 임인진연도병(壬寅進宴圖屛) 6첩에 광무 6년(1902년) 5월 30일(음력 4월 23일) 외진연 함녕전 외보계(外補階)에 황색 바탕의 어기가 세워져 있다.; 『조선시대 진연·진찬·진하 병풍』 서인화 박정혜 주디 반 자일 편저 국립국악원 2000 p91, 118

18) 『독일인 헤르만 산더의 여행』 국립민속박물관 2006 p303 헤르만 구스타프 테오도르 산더 (Hermann Gustav Theodor Sander 1868~1945)는 광무 10년(1906년) 9월, 광무 11년(1907년) 3월 두 차례 한국을 방문하였다.; 『명성황후와 대한제국』 한영우 효형출판 2001 p146 대한제국 성립 후에는 태극기가 황제를 상징하는 깃발로 쓰이기도 했다.

[그림 4] 광무 6년(1902년) 5월 30일 함녕전에서 열린 외진연의 우측에 둑(纛)과 좌측에 어기(御旗)가 있다. 「임인진연도병」 6첩

황태자 전하의 예기睿旗는 기장旗章을 조성하여 광무 7년(1903년) 음력 11월 8일(양력 12월 26일) 어탑御榻에 올릴 때 예기睿旗를 홍기장紅旗章이란 표현을 써, 기의 바탕이 홍색紅色임을 알 수가 있다. 그러나 태극과 괘에 대한 언급이 없어 정확히는 알 수가 없으나, 어기의 예로 볼 때 역시 태극을 배치하고, 사괘와 화염의 색은 홍색紅色의 상생색相生色인 청색이 된다.

친왕기親王旗도 언급이 없으나 황태자 전하 다음 서열 색인 남색藍色 바탕에 태극을 배치하고, 사괘와 화염의 색은 남색의 상생색인 흑색黑色이 된다. 실제로 태극기 4괘의 색이 홍색이나 청색의 그림이 있는 것은 이것을 입증하는 예이다.

융희황제 폐하의 어기는 융희隆熙 원년(1907년) 11월 2일 황성신문에 "皇帝旗製 大皇帝陛下 旗製式樣은 黃色緞質 中央에 金線製 李花를 附ᄒ고 金織山字形으로 飾邊ᄒ고 幸行時 位置ᄂ 御馬車 前方에 在ᄒᆫ 近衛將校 前 乘馬ᄒᆫ 軍人이 奉持ᄒᆫ 者라 幸行時에 一般

臣民이 此旗를 識別ᄒ야 敬禮를 行ᄒ다더라" 한다.

또 샌프란시스코(San Francisco)에서 발행되는 공립신보共立新報 (The United Korea) 1907년 12월 6일 자 내보內報란에 자세하게 기술되어 있는데, "황뎨긔졔식皇帝旗制式 황뎨 폐하 어긔御旗ᄂᆫ 황 쇠비단 바탕에 금실로 리화李花를 슈繡놋코 금으로 뫼 산山자 형상 으로 가슬 숨이고 동가動駕ᄒ옵실 ᄯᅬ에 어승御乘 마챠 압혜 긔마騎 馬한 군인이 밧고 시위侍衛ᄒᄂᆫ 격례格例인 즉 어긔御旗에 뒤하야 일반 인민이 경례ᄒ라고 시종무관 박영텰씨가 각 신문에 반포ᄒ기 를 쳥ᄒ얏더라" 한다.

즉 어기는 황색 비단 바탕에 가운데 금실로 이화를 수놓고, 기 가장자리에 금색으로 메 산山자 모양으로 꾸며 동가動駕 할 때에 어승御乘 마차 앞에 기마한 군인이 받고 시위侍衛하는 격식으로 되 어있는 관례라고 설명하고 있다.[19] 실례로 융희 원년(1907년) 11월 14일 관보에 융희황제 폐하께서 경운궁慶運宮(덕수궁)에서 창덕궁 으로 이어移御 하실 때 노부鹵簿 배치를 보면, 어마차御馬車 앞에 승마한 근위장교가 있고 그 앞에 어기가 있다.

융희 2년(1908년) 12월 28일 총리대신 이완용은 궁내부대신 민 병석이 제457호 조회照會 '황실기제皇室旗製에 관한 건'에 첨부한 재기도再旗圖 6본에 대해 이의가 없다며 승인을 한 조복照覆을 보 내 남서순행에 대비하여 새 어기御旗를 제정하여[20], 융희 3년(1909 년) 1월 7일에서 13일까지 대구, 부산, 마산으로 남순행南巡幸에 이어, 1월 27일에서 2월 3일까지 평양, 신의주, 의주, 정주, 황주,

19) 『공립신보』 국사편찬위원회; 『황성신문』 융희 원년(1907년) 11월 2일 잡보 「황제기제(皇帝旗製)」

20) 『내각궁내부거안(內閣宮內府去案)』 규17758 제1책 문서43 74쪽 a, b면; 『궁내부래문(宮內府來 文)』 규17577, 88책 「궁발(宮發) 제457호 조회(照會)」 융희 2년(1908년) 12월 24일

개성으로 서순행西巡幸 때 만월대 순행巡幸 앞에 기 위를 약 1.1m
의 다회多繪 끈으로 깃대에 묶어 늘어뜨린 어기가 앞서고 있다.

[그림 5] 시종무관 정위 정희봉(鄭熙鳳)이 어기를 봉수한 「한황 폐하 개성 만월
대 어임행(御臨幸)의 관경」『일영박람회출품사진첩』통감부 편 p43

  그 모양은 융희 3년(1909년) 6월 1일 칙령② 25책과 6월 2일 관
보에 남서순행南西巡行 기념장 제정 칙령 제63호에 자세하게 표현
되어 있다.[21] 그러나 [그림 5]의 서순행에 쓰인 어기와 융희 4년
(1910년) 5월 5일 친경親耕 때 어기의 이화장李花章을 자세히 살펴
보면 칙령과 달리 기존에 쓰였던 삼중판三重瓣 이화장[22]이 그대로

---

21) 『칙령②』 25책 의정부 편 45장 1면; 『한국관보』 내각법제국 관보과 융희 3년(1909년) 6월 2일 56a
22) 『서울역사박물관:600년 서울을 담다:상설전시 도록』 서울역사박물관 편 서울역사박물관 2013
   p119 「이화문 장식, 서3245」 지름이 17.7cm인 이화문 장식은 융희황제 폐하의 어기에 수놓았
   던 것이다.

쓰이고 있다.

하지만 한 나라에 기장旗章이 한번 조성되면 일반적으로 그대로 계속해서 쓰는 것이 관례인데, 윤곽이 들어간 황제기·태황제기·황후기·황태자기·황태자비기·친왕기의 6본을 또 새로 조성한 것은 아무래도 일제의 불순한 의도가 엿보이기도 한다.

4. 연대기와 기병대기

제국신문 광무 6년(1902년) 8월 12일 "반급군기頒給軍旗 직작일에 쳐분이 나리시기를 군ᄉ의 령갑令甲과 지휘ᄒᆞᄂᆞ 것이 긔초에 잇ᄂᆞ지라 각 련ᄃᆡ에 편제가 임의 셩취되고 항오行伍가 임의 졍돈ᄒᆞ엿시니 맛당이 각기 ᄃᆡ에 긔를 반급ᄒᆞ리라 ᄒᆞ�\,ᆸ셧다더라"23) 하고 있다.

황성신문은 8월 15일 자 잡보에 "撰樂製章(찬악제장) 頒旗(반기) 聖諭(성유) 再昨日(재작일) 皇上(황상) 陛下(폐하)ᄭᅴ읍셔 詔勅(조칙)을 下(하)ᄒᆞ셧ᄂᆞᄃᆡ 音樂(음악)을 文臣(문신) 中(중)으로 ᄒᆞ야곰 撰定(찬정)ᄒᆞ라 ᄒᆞ셧고 瑞日大勳一章(서일대훈일장)을 新製(신제)ᄒᆞ야 金尺李花章(금척이화장) 間(간)에 在(재)ᄒᆞ야 次序(차서)가 漸進(점진)케 ᄒᆞ라 ᄒᆞ\,ᆸ셧고 大韓(대한) 軍旗(군기)를 新製(신제)ᄒᆞ샤 各隊(각대)에 頒給(반급)ᄒᆞ신다더라"24) 하고 8월 16일 자 궁정록사宮廷錄事에 "詔曰軍隊之編制, 已就部伍旣整, 各其聯隊, 當頒給軍旗矣. 光武六年八月九日"25)로 연이어 언급하고 있다. 이로써 각 연대의 연

---

23) 『제국신문』 광무 6년(1902년) 8월 12일 「반급군기(頒給軍旗)」

24) 『황성신문』 광무 6년(1902년) 8월 15일 「찬악제장(撰樂製章)」

25) op. cit. 광무 6년(1902년) 8월 16일 「궁정록사(宮廷錄事)」

대기聯隊旗 10본과 시위기병대의 기
병대기 300본이 조성된다.

　시위기병대侍衛騎兵隊의 기병대기
를 살펴보면 치幟로서 기의 경우와
달리 폭이 좁고 길이가 길며, 중앙에
무문접영성無紋接英星26)으로 태극27)
이 있고, 왼쪽 상부에 흰 별 하나가
있는데 이는 중규모의 부대 지휘를
표기하며, 하부에 하나 더 있으면 소
규모 부대 지휘를 표기하는 것이

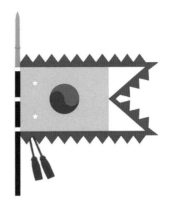

[그림 6] 복원한 시위기병대기

다.28) 연미燕尾는 흰색 바탕에 두 갈래로 갈라져 있으며, 가장자리
는 화염火焰으로 장식하였고, 기 위를 다회多繪 끈으로 깃대에 묶
어 늘어뜨렸다.

---

26) 북두칠성의 제7성으로 바이어(Bayer) 명명법으로 큰곰자리 에타(η)로 꼬리 끝에 있는 별로 서
　양명은 알카이드(Alkaid), 동양명은 요광(搖光), 종교명은 초요(招搖), 점성(占星)명은 파군성(破
　軍星)으로 영성(英星)이라 칭하고, 직무는 병지주(兵之主) 즉 전쟁에서 주력이다. 자미(紫微 궁
　궐)를 만나면 왕을 가까이 모시는 장수가 되어 왕을 위해 선두에 서는 용감 정직이 특성 중
　하나로, 모든 일에 한 필의 말로 마땅히 선두에 서고, 자신의 힘과 용기를 믿고 도전을 마다하
　지 않는 군인의 성격을 갖고 있다. 따라서 권위를 얻고 오랫동안 복을 누리며, 부하를 통솔하
　여 전쟁 중에 앞장서서 진격하여 적을 진압할 뿐 물러나서 지키지 않는 우세함을 나타내는 최
　고의 능력을 갖추고 있다. 지휘관의 깃발에 북두칠성이 그려져 있는 초요기(招搖旗)도 같은 의
　미다.

27) 국립고궁박물관>『순종황제 서북 순행 사진첩』「통감저 임행 2」유물번호 고궁2902-62 기병
　대기를 보면 가운데 태극 무늬가 있다.

28) 『Flags of Maritime Nations』 Fifth edition, United States Navy Department. Bureau of
　Navigation 1882. Plate ⅩⅣ 영국 해군 중장은 빨간 공(red balls) 한 개를 표기하고 소장은 두
　개를 표기한다.;『경도부령(京都府令)』경도부 편 간사자 미상 1874 p11 일본의 해군기장 대
　장각선류(代將脚舩旒)와 닮았으나 끝이 연미(燕尾)처럼 갈라진 구조는 서양의 페넌트(Pennant)
　기의 일반적인 형태이다.

[그림 7] 광무 11년(1907년) 3월 기창을 꽂은 시위기병대『독일인 헤르만 산더의 여행』국립민속박물관 2006 p183

　염색에 사용된 재료를 살펴보면 매염제媒染劑로 청회수靑灰水와 남색藍色을 내는데 사용되는 잿물인 황회수黃灰水, 짙은 붉은색을 내는 북홍北紅과 유기산이 함유된 오미자를 사용하여 화염의 색을 낸 듯하다.[29) 붉은 화염에 맞게 기의 바탕색은 옅은 황색 바탕에 성문星紋은 청홍색의 태극이다.[30)

　현재 전하는 성문星紋 기치 중 일기日旗・월기月旗를 비롯하여 오성기五星旗・미성기尾星旗・실성기室星旗 등은 삼각기로서 바탕이 보라색인 오성기를 제외하고 나머지는 청색이고, 성문星紋은 금박으로 찍었으며 미성기는 황색이다.[31)

---

29) 『각부청의서존안(各部請議書存案)』규17715 제25책 어(御) 예기 친왕기 각대기 급 궤자 소입비를 예산외 지출청의서 제57호

30) 『(순종순종비) 가례도감의궤(純宗純妃嘉禮都監儀軌)』1책 규13179-v.1-2 가례도감(조선) 편 광무 10년(1906년) p211a~212b 기병대기가 있다.

31) 『조선 시대의 어가행렬』백영자 한국방송통신대학교출판부 1994 p69, 70. 기치 관련 논문으로 『조선 시대 궁중복식』문화공보부 문화재관리국 1981 「기치」백영자, 『복식』제5호 한국복식

연대기聯隊旗는 특별히 추정할 수 있는 단서가 없다. 다만 광무 7년(1903년) 효정왕후국장도감의궤孝定王后國葬都監儀軌 반차도班次圖를 보면 선사대先射隊의 대대기는 전체가 연한 초록 바탕이며, 중대기는 연한 초록 바탕에 3등분 한 중앙은 빨간색이고, 후사대後射隊의 중대기는 검은색 바탕에 연미燕尾를 제외한 기면을 3등분 한 중앙은 초록색이다.32)

[그림 8] 순명비국장의 대대기 및 중대기『순명왕후국장도감의궤』 2권 규13902-v.1-4 국장도감(조선) 편 광무 8년(1904) p145b

광무 8년(1904년) 순명비국장도감의궤純明妃國葬都監儀軌 반차도의 선사대 대대기는 연한 초록색 바탕에 3등분 한 가운데 초록색이며, 중대기는 역시 연한 초록색 바탕에 3등분 한 중앙에 빨간색이고, 후사대의 중대기는 검은색 바탕에 3등분 한 중앙에 초록색이 살짝 덧칠해져 있다.33)

그러나 광무 10년(1906년) 순종순종비가례도감의궤純宗純宗妃嘉禮都監儀軌 반차도의 선사대의 대대기 중대기 후사대의 중대기는 바탕색이 없는 가운데 중앙에 빨간색으로 되어있다.34)

학회 1981「의장기에 있어서의 천상(天象)의 의미 고찰」백영자,『학예지』제15집 육군사관학교 2008「조선 후기 군사 깃발」노명구,「조선 후기 군사 신호체계 연구」최형국 등이 있다.

32)『(효정왕후) 국장도감의궤(孝定王后國葬都監儀軌)』2책 규13818-v.1-4 국장도감(조선) 편 광무 7년(1903년) p121a, p156b

33)『(순명왕후) 국장도감의궤(純明王后國葬都監儀軌)』2책 규13902-v.1-4 국장도감(조선) 편 광무 8년(1904년) p115a, p145b

34)『(순종순종비) 가례도감의궤(純宗純宗妃嘉禮都監儀軌)』1책 규13179-v.1-2 가례도감(조선) 편 광무 10년(1906년) p207b, p225b, 226a

[그림 9] 근위기병대와 고(雇)음악대가 호종한 개성 만월대 순행. 유물번호
고궁2902-49 「개성 만월대」 『순종황제 서북 순행 사진첩』 국립고궁박물관

소대기는 광무 5년(1901년) 영정모사도감의궤影幀摸寫都監儀軌
반차도에 총창銃槍(총검)에 꽂혀있는 채색이 생략된 기를 볼 수 있
는데, 이 기들을 통하여 채색의 원리만 밝히면 기를 복원할 수 있
을 것이다.[35]

대가大駕를 호위하는 영기令旗는 경운궁 중화전 영건 입주立柱
일인 광무 6년(1902년) 5월 4일(음력 3월 27일) 이전으로 추정되는
사진을 보면 대안문 밖으로 대규모로 줄지어 행진하는 노부鹵簿 선
두에 시위군악대의 전도前導와 우측에 시위대侍衛隊 군인들이 들고
있는 두 자 남짓한 정방형 영기의 令(영) 자가 『속병장도설』에서는
바탕이 홍색인 것은 청색 글자이며, 바탕이 청색인 것은 적색 글자
로 되어있다.[36]

35) 『영정모사도감의궤(影幀摸寫都監儀軌)』 2책 종친부(조선) 편 규13990-v.1-2 광무 5년(1901년)
   p243, p324
36) 『속병장도설(續兵將圖說)』 조관빈(趙觀彬) 박문수(朴文秀) 구성임(具聖任) 김성응(金聖應) 김상

그러나 이 흑백사진에서 슈(영) 자가 흰색으로 보이는 것은 기의 바탕색이 홍색 바탕에 백색 글자임을 알 수가 있다. 고종 13년(1876년) 7월 29일 조일수호조규朝日修好條規(강화도조약)의 통상 장정을 체결하기 위하여 온 일본 외무대승外務大丞 미야모토 고이치宮本小一의 서울로 향하는 '쌍가마 가는 미야모토 일행'의 상상도에 그 예가 있다.

5. 맺음말

비록 앞에서 어기·예기·친왕기 기병대기와 연대기·영기슈旗를 살펴보았으나 황후 폐하기, 예기와 황태자비기, 친왕기 연대기의 그림을 아직 찾을 수가 없다. 이러한 기旗들이 우리에게 남아 있지 않은 것은 일제日帝가 대한제국을 강점하려는 조치들로 일본 경찰이 다 장악한 경시청警視廳에서 압수 말살하여 전하는 것이 없기 때문이다.

융희 4년(1910년) 4월 30일 대한매일신보 잡보에 "긔념ᄒ려고 경시청에셔 녜젼 군긔軍器를 압슈홈은 모다 아ᄂᆞ바어니와 궁ᄂᆡ부에셔 경시청에 교섭ᄒ기를 긔념으로 녜젼 총 두 개만 보관ᄒ겟다 ᄒ엿다더라" 하고 있다.[37]

그러나 기장조성소에서 조성한 기장旗章을 광무 7년(1903년) 12월 26일 황제 폐하께서 간품看品한 기사와 융희 2년(1908년) 12월 24일 궁내부대신 민병석이 궁발宮發 제457호 조회照會 '황실기제

로(金尙魯) 등이 편찬 영조 25년(1749년) p2, 12

37) 『대한매일신보』 융희 4년(1910년) 4월 30일 2면 「기념하려고」: 『황성신문』 융희 4년(1910년) 4월 30일 2면 「구식 총 기념」

皇室旗製에 관한 건'에 첨부한 재기도再旗圖를 통하여 그 기들을 유추할 수 있다.

기의 바탕색은 지위의 서열을 표시한 것으로 동양의 황黃・자紫・적赤・녹綠・청青・흑黑・백白의 색 서열을 따랐고, 윤곽은 황족의 일원임을 표시하였으며, 제비 꼬리인 연미개열燕尾開裂(swallowtail)과 화염각火焰脚은 황위 계승 선상의 해당 급을 나타내어, 기 가로의 1/3인 길이에 황후와 황태자비기는 상하로 나뉘고, 태황제는 화염각이 3등분 되어있다.

[그림 10] 융희 2년(1908년) 12월 24일 제정한 황태자기 포달안과 조금 다르다.
한국학진흥사업 성과포탈, 「일제침략기 사진 그림엽서 DB」, 엽서번호
P-SDK-00077-P-B-02-01

대대기와 중대기는 행차의 반차班次에 따라 선사대의 대대기는 기창騎槍에 매단 연한 초록색 비단인 초록초草綠綃에 중앙에 녹색을 표시하고, 중대기는 선두인 빨간색을 표시하고 바탕은 그 상생

색인 청색의 동류로 인식한 연한 초록색을 그대로 뒀으며, 후미인 후사대는 청靑의 동류인 초록에 바탕은 상생색인 검은색으로 하여, 연대기는 연한 초록의 상위색인 연한 홍초紅綃 바탕에 홍색을 표시한 것으로 추정된다.

우리가 광무태황제 폐하와 융희황제 폐하의 어기, 예기, 친왕기, 연대기, 기병대기와 영기의 모습을 살펴보았고, 또 융희 2년(1908년) 12월 24일 궁내부대신 민병석이 궁발宮發 제457호 조회照會에 첨부한 재황실기再皇室旗 이하 도형 6본 포달안布達案38)을 통하여 원형原形을 확인할 수 있는 만큼, 이를 복원하여 후생後生에게 널리 알려 대한제국 황실皇室의 참모습을 보여야 할 것이다.

---

38) 『궁내부래문(宮內府來文)』규 17577, 88책 융희 2년(1908년) 12월 24일

◎ 참고 기장

[그림 1] 『Flags of Maritime Nations』 United States Navy Department. Bureau of Navigation 1882 Plate ⅩⅣ Vice Admiral's Flag in Boats and Tenders The Rear Admiral carries two red balls. (빨간 공 한 개를 표기한 영국 해군 중장의 깃발, 소장은 두 개 의 공을 표기해 다닌다.)

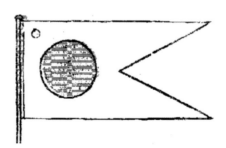

[그림 2] 일본 해군기장 대장각선류(代將旗船公旆) 『京 都府令(경도부령)』 경도부 편 간사자 미상 1874 p11

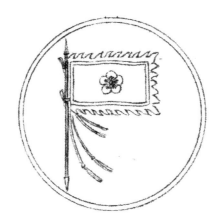

[그림 3] 융희황제 폐하 어기 칙령② 25책

[그림 4] 융희황제 폐하의 어기에 금실로 수놓은 지름 17.7㎝인 삼중판 이화문장 『서울역사박물관 600년 서울을 담다 상설전시 도록』 서울역사박물 관 편 서울역사박물관 2013 p119

◎ 광무태황제 제위 시

『독일인 헤르만 산더의 여행』의 '대한황제 폐하 몸기'와 '임인진
연도병'으로부터 복원한 황제 어기御旗, 황태자 예기睿旗, 형제나 아
들의 친왕기親王旗

[그림 5] 어기(御旗)   [그림 6] 예기(睿旗)   [그림 7] 친왕기(親王旗)

◎ 융희황제 제위 시

『순종황제 서북 순행 사진첩』과 포달안으로부터 복원한 기

[그림 8] 황제기   [그림 9] 황후기   [그림 10] 태황제기

◎ 융희황제 제위 시

[그림 11] 황태자기   [그림 12] 황태자비기   [그림 13] 친왕기(친왕비기)

◎ 재(再)황실기 이하 도형 6본 포달안(布達案)

총리대신(인)
서기관장(인)
국　장(인)
과　장(인)

궁발(宮發) 제457호　　　　　융희 2년(1908년) 12월 24일
조회(照會)　　　　　　　　접수 제1162호

황제기 이하는 현재 사용하시오나 공식상 아직 반포치 아니한 것
일 뿐 아니라 이에 부착한 이화장(李花章)은 삼중판(三重瓣)이 있
어 정식의 제실 휘장이 아닌 고로 별지와 같이 고쳐 정해 반포하
겠기에 아뢰오니 사정을 잘 살핀 신 후 조복하심이 필요합니다.

　융희 2년(1908년) 12월 24일

　　　대훈궁내부대신 민병석 궁내대신지장

내각총리대신 이완용 각하

재(再)황실기 이하 도형 6본을 첨부하여 보내오니 조복하실 때

이를 반환하시기를 바람.

　포달안(布達案)
포달 제　호
황제기 태황제기 황후기 황태자기 황태자비기 친왕기를 좌와 같
이 제정함.

황제기

　바탕 황색, 이화장 금, 이화꽃술 금, 윤곽 금, 가장자리 금
　기의 가로는 세로의 1과 1/2
　이화심은 기면의 중심에 둔다.
　이화심 지름은 세로의 1/19
　이화 지름은 세로의 2/5
　이화 꽃술은 길고 짧은 것 15개를 둔다.
　윤곽폭은 세로의 1/50

태황제기

　바탕 황색, 이화장 금, 이화꽃술 금, 윤곽 금, 가장자리 금
　기의 가로 긴 부분은 세로의 1과 1/2
　가로의 짧은 부분은 세로와 같다.
　삼릉형(三稜形) 길이는 가로의 1/3로 상중하 3등분임
　이화심은 능형을 제외한 기면의 중심에 둔다.
　이화심 지름은 세로의 1/19
　이화 지름은 세로의 2/5

이화 꽃술은 길고 짧은 것 15개를 둔다.

윤곽폭은 세로의 1/50

황후기

바탕 황색, 이화장 금, 이화꽃술 금, 윤곽 금, 가장자리 금

기의 가로는 세로의 1과 1/2

갈라진 연미 길이는 가로의 1/3로 상하 등분임.

이화심은 연미 길이를 제외한 기면의 중심에 둔다.

이화 지름은 세로의 2/5

이화 꽃술은 길고 짧은 것 15개를 둔다.

윤곽은 세로의 1/50

황태자기

바탕 적색, 이화장 금, 이화꽃술 금, 윤곽 금, 가장자리 금

기의 가로는 세로의 1괴 1/2

이화심은 기면의 중심에 둔다.

이화심 지름은 세로의 1/19

이화 지름은 세로의 2/5

이화 꽃술은 길고 짧은 것 15개를 둔다.

윤곽폭은 세로의 1/50

황태자비기

바탕 적색, 이화장 금, 이화꽃술 금, 윤곽 금, 가장자리 금

기의 가로는 세로의 1과 1/2

갈라진 연미 길이는 가로의 1/3로 상하 등분임.

이화심은 연미 길이를 제외한 기면의 중심에 둔다.

이화 지름은 세로의 2/5

이화 꽃술은 길고 짧은 것 15개를 둔다.

윤곽폭은 세로의 1/50

친왕기[친왕비기 친왕기와 같음]

바탕 남색, 이화장 은에 금테두리, 이화꽃술 금, 윤곽 은에 금테

두리, 가장자리 은

기의 가로는 세로의 1과 1/2

이화심은 기면의 중심에 둔다.

이화심 지름은 세로의 1/17

이화 지름은 세로의 6/13

이화 꽃술은 길고 짧은 것 15개를 둔다.

윤곽은 세로의 1/34

◎ (원문)布達案

總理大臣(印)

書記官長(印)

局　長(印)

課　長(印)

宮發　第四五七号　　　　　　隆熙二年十二月卄四日

　照會　　　　　　　　　　　　接受　第一ゃ六二號

皇帝旗 以下는 現에 使用ᄒ시오나 公式上 아직 頒布치 아니홀 샌 不是라 此에 附着혼 李花章은 三重辦[39]을 有ᄒ야 正式의 帝室徽 章이 아닌 故로 別紙와 如히 更定頒布ᄒ깃습기 茲에 仰佈ᄒ오니 照亮ᄒ신 後 示覆ᄒ심을 爲要.

隆熙二年十二月卄四日

　　　大勳宮內府大臣 閔丙奭 宮內大臣出章

內閣總理大臣 李完用 閣下

再 皇室旗 以下 圖形六本을 添送ᄒ오니 示覆ᄒ실 時 此를 返還ᄒ심 을 要홈.

布達桉

布達 第 號

皇帝旗 太皇帝旗 皇后旗 皇太子旗 皇太子妃旗 親王旗를 左와 如 히 制之홈.

皇帝旗

地色 黃

李花章 金

李花蘂 金

輪廓 金

緣 金

橫 縱의 一과 二分의 一

李花心 旗面의 中心

---

39) 『서울역사박물관 600년 서울을 담다』 상설전시도록 서울역사박물관 2013 p119 「이화문 장식」 삼중판 이화문 사진이 있다.

李花心徑 縱의 十九分의 一

李花全徑 縱의 五分의 二

李花蘂 長短十五個를 付흠

輪廓幅 縱의 五十分의 一

太皇帝旗

地色 黃

李花章 金

李花蘂 金

輪廓 金

緣 金

橫最長部 縱의 一과 二分의 一

橫最短部 縱과 同흠.

三稜形 橫의 三分의 一 上中下三等分

李花心 稜形을 除흔 旗面의 中心

李花心徑 縱의 十九分의 一

李花全徑 縱의 五分의 二

李花蘂 長短十五個를 付흠.

輪廓幅 縱의 五十分의 一

皇后旗

地色 黃

李花章 金

李花蘂 金

輪廓 金

緣 金

橫 縱의 一과 二分의 一

燕尾開裂 橫의 三分의 一 上下等分

李花心 燕尾를 除흔 旗面의 中心

李花全徑 縱의 五分의 二

李花蘂 長短十五個를 付흠.

輪廓 縱의 五十分의 一

皇太子旗

地色 赤

李花章 金

李花蘂 金

輪廓 金

緣 金

橫 縱의 一과 二分의 一

李花心 旗面의 中心

李花心徑 縱의 十九分의 一

李花全徑 縱의 五分의 二

李花蘂 長短十五個를 付흠.

輪廓幅 縱의 五十分의 一

皇太子妃旗

地色 赤

李花章 金

李花蘂 金

輪廓 金

緣 金

橫 縱의 一과 二分의 一

燕尾開裂 橫의 三分一 上下等分

李花心 燕尾를 除き 旗面의 中心

李花心徑 縱의 十九分의 一

李花全徑 縱의 五分의 二

李花蘂 長短十五個를 付홈.

輪廓幅 縱의 五十分의 一

親王旗[親王妃旗亦同홈]

地色 藍

李花章 銀에 金緣

李花蘂 金

輪廓 銀에 金緣

緣 銀

橫 縱의 一과 二分의 一

李花心 旗面의 中心

李花心徑 縱의 十七分의 一

李花全徑 縱의 十三分의 六

李花蘂 長短十五個를 付홈.

輪廓 縱의 三十四分의 一

V

경운궁 수위대 교대와
칭경예식의 관병식

1. 머리말

근위병 교대식 하면 제일 먼저 떠오르는 곳이 영국 엘리자베스 (Elizabeth II) 여왕이 사는 버킹엄궁(Buckingham Palace)일 것이다. 교대시간이 되면 황금빛이 나는 투구를 쓴 근위기병대가 들어가고, 뒤이어 군악대를 앞세운 커다란 곰 털모자를 쓴 근위보병대들이 궁으로 들어가 보초를 교대하는 것이다. 전통적인 옛 군복을 착용한 근엄한 모습의 근위병 교대의 볼거리에 런던을 여행하는 관광객들은 꼭 한 번쯤 들리는 곳이 아닌가 생각이 든다. 우리나라도 개국開國 504년(1895년) 9월 5일 군부령 제3호 궁성 수위병규칙이 제정되어 수위병의 직무 및 구성, 각 수위병 사령의 직무, 보초 일반 수칙을 시행하였다.[1]

이후 대조선大朝鮮 정부에서 초청하여 건양 원년(1896년) 10월 20일 입국한 러시아 군사교관 1진의 경비계획에 따라 경운궁慶運宮(덕수궁)에 내곽 초소로 남문인 인화문과 외곽 초소로 서문인 평성문平成門에 위병소를 하나씩 두었으며, 내곽 초소는 1인 초소가 20개소, 2인 초소, 야간 초소가 있었고, 외곽은 1인 초소 12개소, 2인 초소가 있었으며, 내부 초소에는 2인 초소로 정문과 감옥을 담

---

1) 『한국관보』 내각기록국 관보과 규(奎)17289, 4책 16a면 개국 504년(1895년) 9월 9일

[그림 1] 러시아 군사교관 1진이 건양 원년(1896년) 11월 4일부터 친위대에서 선발하여 13일부터 훈련시켜 건양 2년(1897년) 3월 16일 창설한 시위대(侍衛隊)

당하였다.[2] 12월 9일 12시부터 첫 궁궐 경비 근무에 투입되어 교관 장교 한 명이 배치되는데, 일일경비 근무자 수는 러시아 부사관 2명, 한국인 중대장과 참위參尉(소위) 2명, 훈련부사관 9명, 나팔수를 포함한 부사졸 136명 합계 149명에 달하였다.[3] 모든 초소는 러시아식으로 설치되었고, 청색 빨간색 흰색 등 다양한 색상으로 칠해졌으며, 한글과 러시아어로 초소 번호(No)나 위병 사령관 번호(No)를 적어 놓았다.[4] 또 광무 10년(1906년) 10월 9일 제정된 군부령 제3호 위수衛戍복무규칙과 군부령 제4호 황궁수위대규칙을 법제화하기 전 규례에 따라 황궁수위대가 대한문과 궁궐 안팎의 초소에 보초 교대식이 있었고, 서궐인 경희궁에서는 광무황제 폐하를 모시고 관병식觀兵式이 거행되었다.

---

2) 『군사』 제48호 군사편찬연구소 2003 p363

3) op. cit. p364; 『독립신문』 1896년 12월 29일 2면 「십이월 이십일 군부에서 다섯 군듸에 훈령흔 기를」, 1897년 1월 16일 2면 「쟉년 섯달에 대듸쟝 권용국 씨가」, 2면 「그날 또 군부 훈령을」 군부 훈령에 따라 경운궁 내숙위는 160명씩 외숙위는 120명씩이 3일마다 교대하였는데 영솔한 위관은 정태석 조성원 조봉득 이석훈 전우기이며 순찰관은 조철희 전용삼이었다.

4) op. cit. p365

2. 황궁 수위대의 보초 교대

광무 10년(1906년) 10
월 9일 제정된 군부령 제
3호 위수복무규칙과 군부
령 제4호 황궁수위대규칙
을 보면 황궁 수위대는 1
개 소대가 빠진 시위侍衛
보병 1대대와 징상徵上보
병 제3대대에서 차출한 1

[그림 2] 황궁 주위에 경계 근무를 서고 있는 시위보병
대『The Tragedy of Korea (대한제국의 비극)』프레
더릭 맥켄지 (Frederick A. McKenzie) 1908 p86

개 소대, 약간 명의 기병과 포병으로 구성하여 시위 보병 대대장 중 한 사
람이 지휘하였다. 근무 시간은 48시간마다 교대하였고, 징상보병 소대는
1개월에 한 번씩 교대하여 황궁의 의장儀仗 및 수위 임무를 맡았다. 수위
대는 상번上番과 예비로 2대로 나누고, 상번대는 시위보병 약 1/2대대와
의장위병儀仗衛兵과 전령기병傳令騎兵, 호포수號砲手로 구성하고, 예비대
預備隊는 나머지 시위보병 1/2대대와 기병 포병은 약간 명의 동수의 인원
을 두었다.

의장위병은 준명전濬明殿·환벽정 동궁 황제 폐하께서 계시는
어소御所 및 경운궁 여러 곳에 배치되었고, 중대장 혹은 소대장이
지휘하였다. 전령기병은 기병하사 혹은 상등병 1명과 약간의 기병
졸로서 구성하였으며, 호포수도 포병하사 혹은 상등병 1명과 약간
의 포병졸로서 구성하였다. 의장위병의 복장은 일반 대례장으로 착
용하나 당분간은 장교는 반예장으로 하고, 하사 이하는 군장軍裝으
로 하되 반합, 예비화, 수호水壺, 잡낭雜囊은 제외하였다.

[그림 3] 궁문 내에 초소를 둔 대안문은 『내외진연등록』의 연상(宴床)에 위관 1
명, 병정 4명이 배치되어 있으나 이 사진을 보면 10명이 배치되어 있다.

위병 교대는 먼저 상번 수위대는 정렬장에서 수위대 사령관의 검
사를 마친 후 분열식을 하고 임무에 들어간다. 하번下番 위병은 교
체 시간이 되면 무장을 바로 하고, 위사衛舍 앞 좌측에 상번 위병
을 위한 자리를 비워놓고 정렬한다. 그러나 장소가 협소할 때는 상
번 위병을 위하여 위사 앞자리를 비워놓고, 위사를 향하여 정렬한
다. 상번 위병이 50보(약 37.5m) 전방에 이르면 평보 행진으로 나
팔을 불고 도착하면 바로 마주 보고 정돈하여 양 위병은 동시에
'받들어 총捧銃' 하고, 이때 나팔은 군대 경례호敬禮號를 분다. 양
위병 사령은 앞으로 나가 경례를 하고, 하번 위병 사령은 직무에
관한 여러 가지 사항을 상번 위병 사령에게 전달한다. 상번 위병
사령은 직무를 분과하여 위사계衛舍係로 하여 위병소 및 내부에 비
치된 여러 물품을 넘겨받고, 보초계步哨係로 하여 보초를 교체하고
직무상에 관한 전달 사항을 받게 한다. 교체를 마치면 양 위병 사

령은 부하에게 '받들어 총' 구령을 내리고, 이때 양 위병의 나팔수
는 군대 경례호를 불고 하번 위병은 물러간다.

[그림 4] 광무 7년(1903년) 광화문 앞 정부서울청사인 총무당 앞에서 시위
제2연대 제2대대의 받들어 총 모습

보초 교대는 보초계가 교대할 병졸을 제일선에 병렬並列로 세워
우측을 향하게 하고, 자기는 선두 좌측에 서서 교체를 하는데, 교체
순서는 전방 보초는 제1 선임병으로 하고, 다음에 가장 먼 초소부
터 제2 선임병으로 하고, 위사 쪽으로 신임병사 순으로 교체를 한
다. 교체할 초소 6보 앞에 이르면 보초계는 상번 보초를 하번 보초

와 마주 서게 하여 '받들어 총捧銃'을 호령하고, 하번 보초는 낮은 목소리로 수칙을 상번 보초에게 전달하면 양 보초에게 '세워 총立銃'을 한 후, 상번 보초가 초소 내외를 검사케 한다. 이런 순서로 전체 보초가 교체되면 보초계는 하번 보초의 후방에 뒤따라 위사에 도착하여 총을 검사하고 해산 후, 위병 사령에게 교체 완료를 신고한다.5)

[그림 5] 황궁 밖을 순찰하는 시위대 광무 6년(1902년)

황궁외순찰은 황궁 궁장宮牆 바깥쪽을 돌아다니며 살피고 경계하고 지켜 보호하는 것으로, 임무는 구역 내에 뜻밖의 긴급 사태로

---

5) 『한국관보』 의정부 관보과 규17289, 134책 광무 10년(1906년) 10월 17일; 4책 개국 504년 (1895년) 9월 9일;『꼬레아 꼬레아니(Corea e Coreani)』 까를로 로제티(Carlo Rossetti 노사덕魯士德) 저 서울학연구소 역 숲과나무 1996 p273. 로쎄티는 광무 6년(1902년) 7월과 11월부터 광무 7년(1903년) 5월까지 근무한 이탈리아 영사다. '아침 6시에서 9시까지 트럼펫을 불며 행진을 계속한다. 행진이 끝나면 궁전에서 보초가 임무 교대를 하며 보초 교대를 위한 군인은 100명이 넘지 않는데 수천 번은 돌고 앞으로 나아갔다가 뒤로 나아갔다를 2시간은 지속할 수 있는 능력을 갖추고 있다.'

경계해야 할 갑작스러운 일과 혹은 화재 발생 시 군부대신과 수위 대장에게 즉시 보고하는 것이다. 순찰 인원은 징상대徵上隊를 3개 대로 하여 부참위副參尉 1명, 하사졸 5명으로 구성하고, 위관은 임무 수행 중임을 나타내는 현장懸章을 멘다.6)

광무 2년(1898년) 7월 30일 기사를 보면 전 수어청 앞길부터 아라사俄羅斯 공사관 뒷문 길과 영국 공사관 뒷문 길로 하여 대궐 서편 회극문會極門 앞길까지 엄밀히 경계하여 지킨다 하고7), 이후 범위가 확대되어 광무 10년(1906년) 4월부터는 대한문 앞에서 운교로雲橋路, 수옥헌(중명전) 문 앞, 돈덕전 문 앞, 회극문 앞 아래, 러시아공사관 후문, 신문현新門峴, 오궁동五宮洞8), 백목교白木橋9), 영성문永成門, 서학현西學峴, 포덕문 앞으로 하고, 순회와 교대 순서 등은 각대에서 협의하여서 한 시간에 2회 이상 순시한다. 순찰 시간은 해가 져 어둑어둑할 때부터 다음 날 아침 해가 떠 밝아올 무렵까지 하되, 교대는 한 시간씩으로 한다.10)

---

6) 궁중 경비는 궁내부 주전원(主殿院) 경위국 경무관 이하 순검(巡檢) 86명 및 평양 징상대(徵上隊) 위병 250명과 무예청 무관 수십 명이 담당하였으나 광무 10년(1906년) 7월 17일 일경(日警)이 궁전과 궁문 구역을 구분하여 궁전에 6개소를 새로 설치하여 각 2명씩 입번(立番) 순사를 배치하여 황제를 감시하기 전의 것이다.

7) 『독립신문』 광무 2년(1898년) 7월 7일 3면 「궁네 호위」, 30일 2면 「파슈 지엄」

8) 서울역사아카이브〉 서울 지도〉 지적도 한성부 서서 여경방도 사매지내 제2호, 오궁동은 지금의 종로구 신문로1가 115, 116, 226번지에 해당한다.

9) 경희궁 내수가 오궁동을 가로질러 백운동천으로 흐르고 백목교는 지금의 신문로1가 116, 163번지 사이 초입에 있었다.

10) 『황궁외순찰규칙(皇宮外巡察規則)』 군부 편 광무 10년(1906년) 4월 24일 이후

[그림 6] 회극문에서 영국공사관 뒷문으로 해서 러시아공사관 뒷문으로 가는 순찰길이다.

3. 관병식 절차

군사의 위용을 보여주는 관병식觀兵式은 한 국가와 황실의 자부심과 위엄을 대외적으로 드러내는 것으로 군대를 열병하는 의식으로 사열과 분열이 있다. 관병식 기사는 건양建陽 2년(1897년) 6월 9일 10시 수어청守禦廳 융무정隆武亭에서 대군주 폐하와 각부 대신·러시아·미국·프랑스 공사와 영국 총영사·독일 영사·기타 각국 서기관·무관 등이 참석한 가운데 시위대 5개 중대에서 각각 2, 30명씩 선발하여 기계체조를 하고 다음에는 중대 운동, 총검 시합, 유연 체조를 하였고 마지막에 대대의 분열식으로 관병식을 마쳤다.[11) 또 6월 21일 오후 3시 반에 융무정에서 대군주 폐하 이하 각국 공영사公領使와 문무 장관이 참석한 가운데 친위 제1, 제2, 제3대대의 관병식이 열렸고[12], 친위 제4, 5대대의 연조演操는 장맛비로 6월 28일에서 두 차례 연기되었다가 7월 24일에 열렸다.[13]

광무 3년(1899년) 6월 9일 독일제국 프로이센(Preußen)의 하인리히(Heinrich, Prinz von Preußen 1862.8.14~1929.4.20) 친왕親王이 방한하여 11일 서궐 경희궁에서 대원수 정장을 한 황제 폐하와 부원수 정장을 한 황태자 전하, 하인리히 친왕, 각국 공·영사가 임석한 가운데 오전 9시부터 오후 1시경까지 시위 2개 대대와 무관학도들의 열병을 친감親鑑하셨고[14], 9월 29일 오후 2시에는 돈례문 밖으로 황제 폐하께서 친림한 가운데 평양 진위대 사관 2명과 병사 150명이 관병식을 열고, 궁성 호위와 각처 도로를 파수한다.[15]

관병식 절차를 살펴보면 대가大駕를 시위侍衛하는 군대의 선두가 식장에 들어오면, 육군 부장副將(중장)인 제병지휘관(이하 지휘관)은 기착氣着(차렷) 신호음을 연주케 하여 각 군대의 자세를 바르게 하고, 보병대는 착검着劍하고, 기타 군대는 칼을 뽑는 발도拔刀를 한다. 지휘관은 보병대·공병대·포병대·기병대·치중병대輜

11) 『군사』 제48호 국방부군사편찬연구소 2003 「주한 러시아 군사교관단 활동보고서 해제」 심헌용 p372; 『독립신문』 건양 2년(1897년) 6월 10일 「어져씌 시위띈 죠련을」; 『친목회회보』 제6호 대조선인일본유학생친목회 1898 p75, 76 「융무정의 관병식」 전우기 정위(正尉)의 지휘로 제5중대 준비체조, 제4중대 기계체조, 제3중대 총검술과 거총법, 제2중대 중대교육과 행진, 제1중대의 제자리 사격과 이동 사격 시범을 보이고 다음은 대대 대열로 집합하여 대대 검열은 구보와 분열식으로 관병식을 마쳤다. 대대장 장기렴 참령 이하 각 중대장은 폐하로부터 은시계를 하사받았고 양반이 되었다.

12) 『독립신문』 건양 2년(1897년) 6월 22일 「어적씌 오후 삼시 반에」

13) 『고종실록』 35권 7월 23일 37b면 「조령을 내리기를 "친위 4, 5대대 연조는 내일 대령하라." 하였다. (詔曰 親衛四五大隊演操 明日待令)」

14) 『황성신문』 광무 3년(1899년) 6월 12일 「친림 서궐」; 『독립신문』 6월 13일 「륙군 조련」

15) op. cit. 광무 3년(1899년) 9월 30일 「관평양병」; 『독립신문』 광무 3년(1899년) 9월 30일 「친림 간품」

重兵隊[16] 순서로 정렬한 군대의 가장 오른쪽 또는 왼쪽에 있다가, 대가가 식장 문밖에 임어臨御 하면 승마한 채로 입구 쪽으로 서둘러 나아가 공손히 맞이하며, 이때 군악대 및 나팔수와 고수鼓手는 경례호敬禮號 국가國歌를 연주하고, 보병은 봉총捧銃(받들어 총)을, 기병은 기창旗槍을 세워 드는 입창立槍을 하고, 정교正校(상사)는 도刀를 턱 앞에 세워 드는 봉도奉刀를, 장교는 도로써 경례하고, 군기軍旗도 경례한다. 대황제 폐하와 황태자 전하께서 어군막御軍幕의 어탑御榻에 전좌殿坐하시면 경례호 3회[17]를 마치고 입총立銃(세워 총)을, 도刀를 어깨에 지는 견도肩刀를, 기창旗槍을 내려놓는 휴창休槍을 하고, 각국 대사는 대황제 폐하와 황태자 전하께 폐현陛見을 한다.

[그림 7] 무릎쏴(궤사跪謝) 자세로 사격훈련 중인 대한제국군

---

16)『육군예식』제1판 군부 편 광무 5년(1901년) p128

17) 영국 여왕의 탄신 공식 축하행사인 군기분열식(Trooping the Colour)에서는 1회만 연주한다.

대황제 폐하와 황태자 전하께서 사열하시면 지휘관은 서둘러 나아가 공손히 맞으며, 가가駕 6보 앞에서 도로써 경례한 후 3보 앞으로 다가가 총원을 보고하고 열병을 봉도奉導하는데, 이때 참모들은 지휘관을 수행한다. 장관將官은 가駕 뒤에서 승마 시종侍從하고, 각국 대사는 그 뒤에 시종하고, 대사 접대위원은 대사를 수행하고, 영관 이상은 맨 뒤에서 승마 시종한다.

대가가 군대의 우측에서 사열하면 군악대는 경례호를 연주하고, 단대장團隊長[18]은 승마한 채로 몇 보를 서둘러 나아가 공손히 맞으며 도로써 경례하고 총원을 보고한다. 대가가 각 대대의 우측 약 30보 앞에 이르면 대대장의 호령에 따라 차례차례로 봉총·봉도·입창을 하고, 장교와 군기도 경례하고, 나팔수와 고수[19]는 경례호를 연주한다. 이때 대가를 향하여 보고, 대가의 움직임에 따라 정면에 이르면 바로 하고, 입총·견도·휴창을 하고, 대가가 좌측으로 약 15보 지나면 경례호를 마친다. 단대장은 열병 중에는 대가 뒤에서 시종을 하고, 대황제 폐하와 황태자 전하께서 열병을 마치고 어탑에 환어還御 하시면 배관陪觀하는 문무관과 대사의 시립하는 위치는 딸린 그림과 같고, 승마한 관원은 승마한 채로 시립을 한다.

분열 시 후속 부대는 선두 출발 부대와 거리를 약 50보 유지하고, 지휘관은 대가 앞 좌우 방향에 향도嚮導를 두고 부관에게 종대의 행진 방향을 표시케 한 후, '분열 전前(앞)으로' '향도 우로' '진進(갓)' 구령을 내린다. '분열 전으로' 하면 군기와 각 대장 및 압오

---

18) 단대장은 독립대대장 이상을 말한다.

19) 열병 때 각 중대의 나팔수와 고수는 대대의 후방에 서고, 분열 때 각 연대의 나팔수와 고수는 제1대대의 나팔수와 고수가 합하여 나팔장과 같이 연대 선두에 섰다가 분열이 끝나면 원위치 한다.

押伍[20]는 대열의 정위치로 간다. '진進' 구령에 군악대와 선두 부대는 행진을 시작하고, 군악대는 동시에 연주를 한다. 각 단대장은 선두 단대團隊로부터 소정의 거리가 되면 '전前(앞)으로 진進(갓)[21]' 하면 제1중대부터 출발을 하고, 일정 거리가 되면 그 밖의 중대는 차례대로 중대장이 '전으로 진' 하면 출발한다. 다만 야전 포병은 2개 중대 이하는 현재 위치에서 선행 중대로부터 일정한 거리가 되면 뒤따른다.

[그림 8] 광무 6년(1902년) 1월 초순 영국 비커스(Vickers Ltd)사로부터 도입할 당시의 12.5파운드 야전포

지휘관은 모든 군대를 통솔하면서 대가 앞 6보 되는 곳에 이르면 도로써 경례하고, 6보를 지나면 구보를 하여 대가 우측 약 3보 뒤에 위치하여 분열이 끝날 때까지 머물고, 참모는 그대로 행진을 한다. 군악대는 대가 앞 20보 되는 곳에 이르면 '좌향 앞으로 가!'

---

20) 『보병조전』 이학균 편 육군무관학교 광무 2년(1898년) p61 소대의 앞 열에 우익(右翼) 하사와 좌익(左翼) 하사 2명을 세우고 기타 하사는 분대 중앙의 후열 2보 뒤에 있는 것을 압오라 한다.
21) op. cit. p15 표기와 실제 구령이 다른 예도 있다.

로 50보를 가서, 다시 '우향 앞으로 가!'로 어폐御陛와 정면으로 마주하여서 2패로 나눠 번갈아 연주를 계속한다. 단대장은 단대를 통솔하면서 도로써 경례하고, 대가 앞 6보를 지나면 구보를 하여 대가 뒤로 가, 지휘관의 우측에 병렬로 시립하고, 단대의 분열이 끝나면 약 1보를 나가 도刀로써 경례하고, 구보를 하여 단대에 복귀한다. 단, 연대장22)과 독립대대장은 대가 뒤 좌측에 시립하여, 성지聖늽를 기다리지 않고 부하 대대장 중대장의 관등 성명을 보고한다.

창을 휴대한 기병은 대가 앞 30보 되는 곳에서 중대장의 호령에 따라 입창을 하고, 30보 지나면 휴창을 한다. 각 군대는 대가 앞 6보 되는 곳에서 군기와 장교는 경례하고, 각 중대는 중대장이 견우見右 (우로 봐) 호령에 따라 대가를 향하여 보고, 6보를 지나면 군기와 장교는 경례를 마치고, 중대는 '바로' 호령에 정면을 본다. 다만 행진 방향 선상의 오른편 있는 소대장 혹은 하사는 항상 정면을 본다. 분열이 전부 끝나면 지휘관은 대가 6보 앞으로 서둘러 나아가 경례를 하고, 칙령을 기다린다. 분열을 마친 모든 군대는 차례대로 처음과 같은 순서로 정렬하고, 군악대는 이미 있던 곳에서 연주를 마친다.

대황제 폐하와 황태자 전하께서 환궁하시기 위하여 어련御輦에 입차入次 하시면 지휘관은 기착氣着 신호음을 연주케 하여 공손히 보내고, 군악대와 나팔수 및 고수鼓手는 경례호 국가國歌를 일제히 3회 연주한다. 시위侍衛 및 배위陪衛한 부대의 후미가 식장을 벗어나면 각대 대대장 이상은 지휘관 앞으로 집합하고, 지휘관이 모든 군대의 귀대 명령을 내리면 오른쪽으로부터 순서에 따라 차례로 돌아간다.23)

---

22) 대가가 임어할 때 여단장과 연대장은 부하 단대(團隊)의 우측에 서 있다.

23) 『관병식 절차』 군부 편 광무 연간(1897년~1906년) 발행을 광무 연간으로 보았으나 국가(國歌)를 언급한 것을 볼 때 대한제국 애국가를 반포한 광무 6년(1902년) 8월 15일 이후 어극 40

4. 칭경예식의 혼성여단 편성과 예식 절차

광무 6년(1902년) 8월 18일 어극 40년 칭경예식御極四十年稱慶禮式24) 관병식에 혼성여단편제를 이입移入하고, 8월 31일에는 동소문 밖 삼선평三仙坪에서 기병대 200명을 뽑는 시험까지 치렀으나25), 콜레라가 유행하여 광무 7년(1903년) 4월 30일(음력 4월 4일)로 연기하였다. 광무 6년(1902년) 12월 30일 탁지부대신이 의정부에 올린 지출 조서를 보면 예식용 안장인 예안禮鞍은 장관將官이 10건, 영관이 22건, 위관이 56건, 사졸이 214건이며 보병은 배낭이 2,971건이다. 기병은 기병학도 30명과 기병 194명으로 구성되어 있으며, 태극문양이 있는 안장 가방인 붕낭棚囊(사코슈Sacoche)과 수호水壺(수통)를 달고, 장화와 수투手套(장갑)을 끼고 육혈포(권총)와 기병도(Sabre)를 차고 있다. 포병은 포차 만마輓馬 30필이 끄는 70mm 야포 6문에, 기마 포병 91명으로 반장화에 수투를 끼고 포병도를 차고, 나팔 2개 쌍안경 12개가 배치되어 있다.26)

광무 7년(1903년) 2월 20일 칭경예식을 위해 강화대 400명, 원주대 400명, 대구대 100명, 진주대 200명, 수원대 200명, 전주대 200명 합이 1500명을 징상徵上하여 임시혼성여단을 편성하고27), 2월 28일에는 칙령 제5호에 의해 임시혼성여단은 보병 2개 연대와 기병 1개 중대, 포병 1개 중대로 편제하여, 여단장은 참장參將(소

년 칭경예식을 대비하여 발행한 것이다.

24) 칭경예식이 광무 6년(1902년) 10월 18일(음 9월 17일)이었다가 연기되어 광무 7년(1903년) 4월 30일(음 4월 4일)이 되었고, 다시 9월 26일(음 8월 6일)로 연기되었으나 이후 열리지 못한다.

25) 『황성신문』 광무 6년(1902년) 9월 2일 「시취기병(試取騎兵)」

26) 『각부청의서존안』 규17715 제23책 문서3 14쪽 a면~17쪽 b면 「군부 소관 관병식에 각대가 필요한 각종 물품비를 예산외 지출해달라는 청의서 제109호」

27) 『황성신문』 광무 7년(1903년) 2월 23일 「여단편제」

장) 1인, 부관은 정위正尉(대위) 1인, 부위副尉(중위) 1인이며, 서
기는 정교正校(상사) 1인,
부교副校(중사) 1인, 참교
參校(하사) 1인으로 총 6
명으로 편성하였다.[28]

임시혼성여단장에는
원수부 기록국총장 주석
면朱錫冕을 임명하고, 3월
3일에는 혼성여단 보병 제
1연대장에 육군보병 부령
副領(중령) 현흥택玄興澤,

[그림 9] 광화문 앞 지금의 정부서울청사 자리인 총
무당 앞에서 광무 10년 (1906년) 6월 18일 중대훈
련 중인 시위대와 우측에 帥(수) 자기의 깃대가 보인
다. 『만한순유기념첩』 미츠무라 토시모(光村利藻) 편
미츠무라(光村)사진부 1908 p86

보병 제2연대장에 육군보병 부령副領 이민굉李敏宏을 임명한다. 혼
성여단 보병 제1연대 제1대대장에 시위 제1연대 제1대대장 육군 보
병 참령參領(소령) 이근성李根聲, 제2대대장에 육군 보병 참령參領
김원계金元桂, 제3대대장에 진위 제2연대 제2대대장 육군 보병 참
령參領 안종환安宗煥[29]을 임명하고, 혼성여단 보병 제2연대 제1대
대장에 육군 보병 참령參領 전우기全佑基, 제2대대장에 친위 제1연
대 제2대대장 육군 보병 참령參領 박유태朴有泰, 제3대대장에 육군
보병 참령參領 장기렴張基濂을 임명한다.[30] 광무 6년(1902년) 영국
에서 수입한 각종 포를 남문 내 전 선혜청에 두고, 포병을 선발하여
방사법을 훈련시켜 3월 8일 오후 경운궁에 들여 간품을 하고, 광무
7년(1903년) 3월 27일에는 서궐西闕 경희궁에서 칭경예식의 혼성여

---

28) op. cit. 광무 7년(1903년) 3월 4일 「칙령 제5호」

29) op. cit. 광무 7년(1903년) 3월 17일 「서임 급 사령」

30) op. cit. 광무 7년(1903년) 3월 9일 「관보 서임 급 사령」

단을 편성하여 포병의 방포放砲 훈련을 한다.[31]

[그림 10] 『Corea e Coreani』 Parte Ⅰ. Carlo Rossetti 1904 p100 Ⅱ cortile del Palazzo colla Portantina Imperiale(황제의 어련御輦이 있는 황궁 안뜰) 경운궁 여러 곳에 배치된 초소와 의장위병, 2층의 중화전을 준공한 광무 6년(1902년) 10월 19일에서 까를로 로쎄티가 떠난 광무 7년(1903년) 5월 사이

예포식은 포대 및 포병대가 주둔지에서 축례祝禮 하기 위하여 발포하는 것으로 『육군 예식』에 그 규정이 있는데, 기원절紀元節·만수성절萬壽聖節·기타 임시 축일과 황제와 황후 폐하·태황태후·황태후 폐하·황태자·황태자비·황태손·황태손비 전하 기타 황족과 외국 황제 및 황후 폐하 황족 장관將官 및 군부대신에게 행하

---

31) op. cit. 광무 6년(1902년) 2월 1일 「대포 구입」, 3월 10일 「간품련포(看品鍊砲)」; 주한일본공사관기록 18권> 一. 기밀본성왕(機密本省往)> (3) 영국에서 구입한 대포에 관한 건, 하기와라 슈이치(萩原守一) 임시대리공사가 1월 25일 발신. 광무 6년(1902년) 1월 초순 영국 비커스(Vickers Ltd)사로부터 맥심포(麥沁砲 Maxim gun) 6좌, 야전포 4좌, 산전포(山戰砲) 8좌를 도입한다.

는 것이다. 발방수發放數는 기원절·만수성절·기타 임시 축일과 황제 및 황후 폐하는 101발, 태황태후·황태후 폐하, 황태자·황태자비·황태손·황태손비 전하·기타 황족은 21발, 원수부 각국 총장·군부대신·육군 대장 및 특명순열사特命巡閱使로 임명된 장관將官은 19발, 사단장은 13발을 방포하는 것으로 되어있다. 다만 기원절·만수성절·기타 임시 축일은 특별히 명령이 없으면 당일 정오에 방포를 한다.[32]

예식 절차를 살펴보면 4월 27일 각국 공영사公領使를 영접하고, 4월 28일 오전 10시부터 오후 1시까지 각국 공사와 특사를 동반하여 외부를 방문하고, 오후 2시에 돈덕전惇德殿에서 국서國書를 봉정하고, 오후 8시부터 석연夕宴을 열고, 폐하께서 친림親臨 한다. 4월 29일 오전 9시부터 12시까지 및 오후 2시부터 6시까지 답례 방문을 하고, 4월 30일 칭경일에는 폐하께서 오전 9시 환구단圜丘壇에 행례行禮 하시고, 정오 12시에 돈덕전에서 오연午宴을 베푼다. 5월 1일 준명전에서 석연夕宴을 열고, 황태자 전하께서 친림 하시고, 5월 2일 창덕궁 금원禁苑에서 원유회苑遊會(Garden Party)를 연다. 5월 4일은 오후 2시에 경희궁에서 관병식을 하고, 오후 8시부터 시위대侍衛隊 및 친위대에 공연公宴을 베푼다.[33] 5월 5일 오후 8시 외부에서 석연夕宴을 열고, 5월 6일 오후 8시 돈덕전에서 석연을 열고, 5월 7일 오전 11시 돈덕전에서 각국 대사는 황제 폐하께 하직 인사를 드리는 것으로 계획되어 있다.[34]

그러나 영친왕 전하께서 두진痘疹(천연두)을 앓아, 9월 26일(음

---

32)『육군 예식』제1판 군부 편 광무 5년(1901년) p115~118

33) 군사들에게 음식과 술을 내려 노고를 위로한 호궤(犒饋)인 것이다.

34)『황성신문』광무 7년(1903년) 4월 6일「예식 절차」

8월 6일)로 연기되었다가 정세가 불안하여 관병식은 결국에는 열리지 못하고, 대한제국 출범 10주년을 기념하여 광무 10년(1906년) 9월 13일 광무황제 폐하의 생신인 만수성절萬壽聖節에 훈련원 앞들에서 관병식이 거행되었고, 계동桂洞 포대영砲隊營에서는 예포를 방포 한다.35) 이듬해 광무 11년(1907년) 1월 7일 오전 11시에 훈련원에서 각대 군관軍官이 관병식을 하였다.36)

5. 군기의 영송迎送

군기軍旗의 맞음과 보냄을 군기 영송迎送이라 한다. 군기 영송은 연대의 1개 중대와 1개 대대의 고수鼓手와 나팔수로서 편성하여 군기 중대라 하고, 유도는 선임 부위副尉 1명과 호위 하사 2명이 한다. 장거리 행군 뒤에 군기 중대가 크게 돌아가야 할 때는 기수와 호위하사 외에 장교 1명과 1개분대로 해도 무방하다. 군기 중대는 군기에 대한 경례 외에 어떠한 사람에 대해서도 경례를 하지 않는다.

군기를 맞이하는 봉영奉迎은 고수와 나팔수가 군기 중대의 선두에 서서 나팔을 불지 않고, 측면행진을 하여 군기가 있는 곳에 도착하면 횡대橫隊를 이루고, 착검을 하여 기다린다. 이때 고수와 나팔수는 중대 우측에 위치한다. 기수旗手가 동행할 때는 고수와 나팔수 뒤에 서서 행진을 하며, 중대장은 선임 부위 및 호위하사 2명

---

35) op. cit. 광무 10년(1906년) 9월 14일 「잡보 만수성절경시성황(萬壽聖節慶視盛況)」 경우궁 자리로 지금의 현대엔지니어링이 있는 곳이다.

36) op. cit. 광무 11년(1907년) 1월 8일 「관병 훈련」

을 중대의 중앙 앞으로 집합시킨다.

 군기 보관소에 이르면 선임 부위는 기수와 호위 하사를 인솔하여 군기를 갖고 나와 중대를 향해 서고, 선임 부위는 기수 좌측에 위치한다. 중대장은 곧바로 '받들어 총捧銃'을 시키고 자신은 도로써 경례하는데, 부참위副參尉(소위)도 도로써 경례하고, 정교正校(상사)는 턱 앞에 칼을 세워 드는 봉도捧刀를 하며, 고수와 나팔수가 군기에 대한 경례가敬禮歌인 팡파르(fanfare)를 마치면 중대장은 '세워 총立銃'을 한다. 이때 장교와 정교는 칼등을 어깨에 대고 똑바로 세운 '어깨 칼肩刀'을 한다.

 다음에 중대장은 중대를 우향우 또는 좌향좌하여 중대 종대를 하고, 기수는 좌우에 호위하사 1명씩을 거느리고 선두 소대와 고수 나팔수 사이에 위치하고, 선임 부위는 정해진 위치로 돌아간다. 다음에 중대장은 중대로 하여금 행진을 시작하는 동시에 고적鼓笛을 연주케 하고, 군기 앞에 위치하여 행진하여 연대의 집합장소에 도착한다. 만약 도로가 좁아서 중대 종대로 행진을 할 수 없을 때는 측면행진을 할 수 있으며, 이때도 군기와 중대장의 위치는 앞의 요령과 다름이 없다.

[그림 11] 대한제국기의 나팔수와 고수 고수는 "지암"이라고 쓴 한글 견장을 달고 있다. 『독일인 헤르만 산더의 여행』 국립민속박물관 편 2006 p284

군기가 연대의 집합장소에 이르러 연대와 50보 거리에 도착하면 고적의 연주는 그치고, 연대장은 연대로 하여 총에 착검을 시켜 '받들어 총'을 한다. 이때 장교는 도로써 경례하고, 정교正校는 봉도捧刀를 하며, 고수와 나팔수는 팡파르(fanfare)를 연주하고, 연대장은 연대 앞 30보 되는 곳에 가서 정지하고, 기수는 호위하사 2명을 거느리고 연대장으로부터 10보 되는 곳에 가서 마주한다.

그다음 연대장은 군기에 대하여 경례를 하며, 이를 마치면 기수는 정해진 위치로 나아가고, 호위 하사는 군기 위병衛兵과 교대하여 소속 중대에 복귀하며, 연대장은 '세워 총'을 한다. 이때 장교와 정교는 봉도를 하고, 군기 중대는 고적을 연주하지 않고 연대의 정해진 위치로 나아간다. 군기의 봉송奉送은 봉영할 때와 반대의 순서를 따라서 같은 방법으로 행한다.

기수가 열중에서 정지 혹은 행진할 때에 깃대 잡는 법은 창槍고달을 오른쪽 볼기뼈 위에 붙이고 오른쪽 팔꿈치를 뒤로하며, 기 꼭대기를 약간 앞으로 기울인다. 군기가 경례해야 할 때는 수례자受禮者와 6보 떨어진 곳에서 기수는 오른손을 깃대를 스쳐 눈높이로 올리고, 창 고달을 오른쪽 볼기뼈에서 떼지 말고 오른손을 앞으로 쭉 펴서 깃대가 수평 되게 하며, 수례자를 지나 6보 되는 곳에 이르면 군기를 바로 세워 원래대로 잡는다.37)

---

37) 『보병조전』 이학균 편 육군무관학교 광무 2년(1898) p287~293

6. 맺음말

경복궁과 경운궁慶運宮(덕수궁)에서 매일 수문장 교대의식을 하고 있는데, 이는 많이 알려진 영국 버킹엄궁(Buckingham Palace)의 근위병 교대식이 그 모본이 되지 않았나 생각이 든다. 하지만 경운궁의 수문장 교대식은 근대에 궁역이 확장된 황궁皇宮의 역사성에 비춰볼 때, 좀 성격이 맞지 않는 것 같다. 경운궁은 광무황제 폐하께서 건양建陽 2년(1897년) 2월 20일 러시아공사관에서 환궁하였는데, 그때는 러시아 군사교관 1진이 교육한 신식 군대인 시위대가 궁궐 내외부에 초소를 두고 보초 교대하였고, 이후 광무 10년(1906년) 10월 9일 제정된 군부령 제3호 위수衛戍복무규칙과 군부령 제4호 황궁수위대규칙을 법제화하기 전, 규례에 따라 교대하였기 때문이다.

광무 5년(1901년) 1월 예식원장 민영환이 영국공사관과 독일영사관을 방문하여 거빈스(John H. Gubbins 고빈사高斌士) 대리공사 겸 총영사와 바이퍼트(Heinrich Weipert 와이벽瓦以壁) 영사에게 현재 대한국 정부가 궁중 예식원 장정을 만들려고 하는데, 귀국 정부의 예식장정禮式章程을 보여줄 수 있는지 타진하자, 영국은 4월 25일, 독일은 6월 6일에 각각 장정을 보내준다.[38] 이러한 유럽 제국의 예식장정을 참고로 하여 광무황제 폐하의 즉위 40년 칭경예식에 대비하여 관병식 절차와 외빈폐현급영송식外賓陛見及迎送式 예포식 등을 제정한다.

일제가 고종 31년(1894년 갑오甲午) 7월 23일(음력 6월 21일)

---

38) 『공독존안(公牘存案)』 1책 예식원 편 광무 5년(1901년) p1, 2

경복궁을 침입, 군주를 겁박하여 내정개혁을 강요한 갑오 침략과 개국 504년(1895년) 10월 8일 명성황후 폐하를 살해한 을미지변乙未之變 등으로 실추된 국권과 왕권을 회복하고자, 건양 원년(1896년) 2월 11일 러시아공사관으로 이필주어移蹕駐御를 단행하고, 러시아 군사교관을 초빙하여 군사력을 강화하고, 자주독립 국가로 대한제국을 선포하고, 그동안 이룩한 근대화 성과들을 유럽 제국에 과시하여 국권과 왕권을 회복하고자 칭경예식을 계획했던 것이다.

앞에서 살펴본 바와 같이 교대식과 관병식은 여타 유럽 국가의 의식에 못지않게 되어있으며, 이러한 훌륭한 관병식을 어극 40년 칭경예식 절차로 광무 7년(1903년) 4월 28일 오후 2시에 각국 공사와 특사가 광무황제 폐하께 국서를 봉정奉呈하려고 한 경운궁 돈덕전惇德殿 복원에 발맞춰 도심에서 재현한다면 궁궐에 좀 더 생동감을 불어 넣어 줄 것이며, 서울의 모습이 더욱더 풍성해질 것이다. 또 과거의 아름다운 문화유산에 우리가 자긍심을 가질 수 있을 것이며, 외국인에게는 우리 문화를 쉽게 접할 기회가 되어 좋은 관광자원도 될 수 있을 것이다.

● 광무 3년(1899년) 11월 3일 아뢴 대로 하다.

(기병 1개 대대는 4개 중대이며 1개 중대는 4개 소대임)

시위기병대대 직원표
○대대본부
참령(參領 소령) 대대장 1인, 부위(副尉 중위) 부관 1인
1, 2, 3등 군사(軍司) 향관(餉官 회계관) 2인
정교(正校 상사) 1인, 부교(副校 중사) 2인, 참교(參校 하사) 9인 계 16인
○중대부
정위(正尉 대위) 중대장 4인, 부위(副尉 중위) 소대장 8인, 참위(參尉 소위)
소대장 8인
정교 4인, 부교 20인, 참교 36인, 병졸 328인 합계 408인

(원문)光武三年十一月三日奉旨依奏
侍衛騎兵大隊 職員表
大隊本部
參領 大隊長 一人, 副尉 副官 一人,
一二三等軍司 餉官 二人, 正校 一人, 副校 二人, 參校 九人 計 十六人
中隊附
正尉 中隊長 四人, 副尉 小隊長 八人, 參尉 小隊長 八人, 正校 四人, 副校
二十人, 參校 三十六人, 兵卒 三百二十八人 合計 四百八人

● 칙령 제56호

포병대대 설치하는 건
제1조 포병 2개 대대를 설치하여 제1 제2대대라 칭하고 시위연대에 부속
할 것
제2조 포병 1개 대대는 산포 2개 중대 야포 1개 중대 합 3개 중대로 편성
하고 1개 중대는 3개 소대로 편성할 것
제3조 포병대 직원은 왼쪽에 쓴 별표에 의할 것
제4조 광무 2년(1898년) 칙령 제23호 포병거행 건은 폐지할 것
제5조 포병대 소속직원 봉급은 개국(開國) 504년(1895년) 칙령 제68호 무
관과 상당관 관등봉급령 제1조에 준하여 일반관리 관등봉급령에 의할 것
제6조 본령은 반포일로부터 시행할 것

1개 대대 직원표
○대대본부
참령(參領 소령) 대대장 1인, 부위(副尉 중위) 부관 1인, 123등 군의[혹 판임] 의관 1인
1, 2, 3등 수의(獸醫)[혹 판임] 1인, 1, 2, 3등 군사(軍司) 향관(餉官 회계관) 1인
정교(正校 상사) 서기 1인 계 6인

○산포 1개 중대부
정위(正尉) 중대장 1인, 부참위(副參尉) 소대장 3인
정교(正校 상사) 1인, 부교(副校 중사) 4인, 참교(參校 하사) 6인, 상등병(上等兵) 14인
1, 2등병(等兵) 78인, 나팔수 4인 계 111인

○야포중대부
정위(正尉) 중대장 1인, 부참위(副參尉) 소대장 3인
정교(正校) 1인, 부교(副校) 4인, 참교(參校) 6인, 상등병(上等兵) 12인, 1, 2등병(等兵) 64인, 나팔수 4인 계 95인
광무 4년(1900년) 12월 19일 봉

(원문)勅令 第五十六號
砲兵大隊 設寘ᄒᄂ 件
第一條 砲兵 二個大隊를 設寘ᄒ야 第一 第二大隊라 稱ᄒ고 侍衛聯隊에 付屬ᄒᆯ 事
第二條 砲兵 一個大隊ᄂ 山砲 二個中隊 野砲 一個中隊 合 三個中隊로 編成ᄒ고 一個 中隊ᄂ 三個小隊로 編成ᄒᆯ 事
第三條 砲兵隊 職員은 左開別表에 依ᄒᆯ 事
第四條 光武二年 勅令 第二十三號 砲兵擧行件은 廢止ᄒᆯ 事
第五條 砲兵隊 所屬職員 俸給은 開國五百四年 勅令 第六十八號 武官并相當官 官等俸給令 第一條에 準ᄒ야 一般官吏 官等 俸給令에 依ᄒᆯ 事
第六條 本令은 頒布日로붓터 施行ᄒᆯ 事

一個大隊職員表
○大隊本部

參領 大隊長 一人, 副尉 副官 一人, 一二三等 軍醫[或 判任]醫官 一人, 一二三等 獸醫[或 判任] 一人, 一二三等 軍司 餉官 一人, 正校 書記 一人, 計 九人

○山砲一個中隊附

正尉 中隊長 一人, 副參尉 小隊長 三人, 正校 一人, 副校 四人, 參校 六人, 上等兵 十四人, 一二等兵 七十八人, 喇叭手 四人, 計 一百十一人

○野砲中隊附

正尉 中隊長 一人, 副參尉 小隊長 三人, 正校 一人, 副校 四人, 參校 六人, 上等兵 十二人, 一二等兵 六十四人, 喇叭手 四人, 計 九十五人

光武四年十二月十九日奉[手決]

● (원문)觀兵式節次

一. 觀兵式場은 定흔 事.

二. 觀兵式 指揮官은 陸軍副將 이라.

三. 觀兵式에 參與할 各 軍隊ᄂᆞᆫ 月 日 午 時에 附圖와 如케 式場에 整列홀 事.

四. 大駕 侍衛軍隊의 先頭가 式場에 臨ᄒᆞᄂᆞᆫ 時에 指揮官은 「氣着」 號音을 吹케 ᄒᆞ리니 此 號音에 各 軍隊ᄂᆞᆫ 氣着 姿勢를 正히 홀 事. 「步兵隊ᄂᆞᆫ 着劍ᄒᆞ고 其他ᄂᆞᆫ 拔刀홈이라」
大駕一式場에 臨御ᄒᆞ시ᄂᆞᆫ 時에 指揮官은 (其 參謀長은 恒常 乘馬 隨從홀 事)乘馬흔디로 式場 端에 趨進ᄒᆞ야 祗迎ᄒᆞ고 此時에 軍樂隊 及 諸隊 喇叭手 鼓手ᄂᆞᆫ 敬禮號 「國歌」를 奏ᄒᆞ고 諸 軍隊ᄂᆞᆫ 捧銃 捧刀 立鎗ᄒᆞ고 軍旗도 敬禮를 行ᄒᆞ고 將校ᄂᆞᆫ 刀로 敬禮ᄒᆞ고 正校ᄂᆞᆫ 捧刀홀 事.
大皇帝陛下 皇太子殿下게셔 御榻에 殿坐ᄒᆞ신 時에 諸隊ᄂᆞᆫ 敬禮號 「三回」를 止ᄒᆞ고 立銃 肩刀 休鎗홀 事.

五. 大皇帝陛下 皇太子殿下게셔 殿坐ᄒᆞ신 時에 各國 大使가 陛見홀 事.

六. 大皇帝陛下 皇太子殿下게셔 軍隊를 檢閱ᄒᆞ실 時에 指揮官은 趨進ᄒᆞ야 祗迎ᄒᆞ고 駕 前 六步 地에 趨ᄒᆞ야 刀로 敬禮흔 後에 三步 趨前ᄒᆞ야 當日 出場흔 將校 下士 以下 總人員을 奉上ᄒᆞ고 閱兵式에 奉導홀 事. 但 此時에 參謀長 參謀官 副官은 指揮官에게 隨行홀 事.

七. 大皇帝陛下 皇太子殿下게셔 閱兵式ᄒ실 時에 將官은 駕 後에 乘馬 侍從ᄒ고 各國 大使ᄂ 其 次에 侍從ᄒ고 大使 接待委員은 其 大使를 隨行ᄒ 事. 但 領官 以上은 最後에 乘馬 侍從ᄒ 事.

八. 大駕가 諸 軍隊 右翼에 臨御ᄒ신 時에 軍樂隊ᄂ 敬禮號를 奏ᄒ고 團隊長은 乘馬ᄒᄃ로 數步 趨進ᄒ야 祇迎ᄒ고 刀로 敬禮ᄒ 後에 團隊長은 該隊 將校 下士 以下의 總人員을 奏上ᄒ고 大駕—軍隊 右翼 約 三十步에 臨御ᄒ신 時에 各 大隊ᄂ 大隊長의 號令으로 逐次로 捧銃 捧刀 立鎗ᄒ고 喇叭手 鼓手ᄂ 敬禮號를 奏ᄒ고 軍旗도 敬禮ᄒ고 將校ᄂ 刀의 敬禮를 行ᄒ 事.
大駕—軍隊 左翼 約 十五步 過次ᄒ신 時에 各隊가 逐次로 敬禮를 止ᄒᄂ니, 但 乙大隊가 敬禮号를 奏始ᄒ 時에 甲大隊가 敬禮号를 止ᄒ 事.

九. 各隊ᄂ 捧銃 捧刀 立鎗ᄒᄂ 同時에 將校 以下가 頭를 大駕에 旋ᄒ야 祇迎ᄒ고 大駕—進次ᄒ심을 從ᄒ야 頭를 漸漸 旋ᄒ야 祇送ᄒ고 立銃 肩刀 休鎗ᄒᄂ 同時에 頭를 正面에 復ᄒ 事.

十. 團隊長은 部下 團隊 閱兵 中에ᄂ 大駕 後에 侍從ᄒ 事.

十一. 大皇帝陛下 皇太子殿下게셔 軍隊 閱兵式을 畢ᄒ시고 御榻에 還御ᄒ사 다시 軍隊 分列式을 親監ᄒ실 時에 倍(陪)觀文武官 及 大使의 侍立 座次ᄂ 附圖와 如ᄒ니 但 乘馬ᄒ 官員은 乘馬ᄒᄃ로 侍立ᄒ 事.

十二. 閱兵式을 畢ᄒ면 各 團隊長은 別命을 待치 안코 其 隊를 分列式 發起点에 誘導ᄒ야 分列式을 准(準)備ᄒᄂ니 隊號 序列을 從ᄒ야 先行 部隊ᄂ 其 先頭 中隊를 發起点에 置ᄒ고 後屬 部隊ᄂ 先行 部隊에 隊間 距離를 短縮ᄒᄂ니 先行 中隊가 發起点에 出發홈을 從ᄒ야 後屬 中隊ᄂ 逐次로 前進ᄒ야 其 位置를 占ᄒ고 出發 部隊로부터 定 距離「約 五十步」를 得ᄒ 時에 곳 前進ᄒ 事.

十三. 指揮官은 大駕 前 左右 方에 嚮導를 置ᄒ고 副官으로 縱隊의 行進 方向을 標示케 ᄒ고 其 次에 左의 號音을 下ᄒ 事.
　　一. 分列 前흐로
　　二. 嚮導 右로

三. 進(낫)

「分列 前흐로」 號音에 軍旗 各 隊長 及 押伍 等은 該 隊列 定位에 轉
移흘 事.

「進」 號音에 軍樂隊 及 先頭 部隊는 行進을 起흐고 同時에 奏樂흘 事.
各 團隊長은 其 先頭 團隊로부터 所定흔 距離를 得흐면 「前흐로 進」
흐는 號令을 下흘 事. 但 團隊長의 「前흐로 進」흐는 號令에 行進을 起
흐는 部隊는 各隊의 第一中隊 섄이오 其他 中隊는 逐次로 發起点에
至흐야 定距離를 得흐면 逐次로 中隊長의 「前흐로 進」 號令에 前進흐
느니 但 野戰 砲兵에 在흐야는 第二中隊 以下는 發起点에 至흐지 안
코 已在흔 位置에셔 先行 中隊로부터 定距離를 得흐면 곳 前進흘 事.

十四. 指揮官은 諸 軍隊를 率흐고 行進흐야 大駕 前 六步 地에 至흐면 刀
로 敬禮흐고 六步를 過흐면 驅步로써 大駕 右側 後方 約 三步에 占
位흐야 分列式이 全畢흐기까지 其 地에 駐立흐느니 단 參謀長 參謀
官 副官은 直進흘 事.

十五. 軍樂隊는 大駕 前 二十步 地에셔 左側 行흐야 約 五十步(分列式에
妨碍가 無흠을 限흐야)를 進흐야 更히 右로 方向을 換흐야 停立흐
야 御陛에 正對흐야 連續 奏樂흘 事. 但 全 軍樂隊를 二部에 分흐야
各 聯隊 前進 時에 交互 奏樂흘 事.

十六. 團隊長은 其 團隊를 率흐고 行進흐야 刀로 敬禮흐고 大駕 前 六步를
過흐면 驅步로 大駕 右側 後方에 進出흐는 事는 指揮官과 同흐니 階級
을 從흐야 指揮官의 右方에 倂列 侍立흐고 其 部下 團隊의 分列式이
畢흐면 其 地에셔 約 一步를 進흐야 更히 刀로 敬禮흐고 驅步로 其 團
隊에 復歸흘 事. 但 聯隊長 及 獨立大隊長은 大駕 左側 後方에 侍立흐
야 聖旨를 俟치 안코 部下 大隊長 中隊長의 官 姓名을 上奏흘 事.

十七. 鎗을 携흔 騎兵은 大駕 前 三十步 地에셔 中隊長의 號令에 立鎗흐고
三十步를 過去흐면 休鎗흘 事.

十八. 各 軍隊는 大駕 前 六步 地에 進흐면 軍旗 及 將校는 敬禮흐고 各
中隊는 其 中隊長이 下흐는 「見右」 號令에 敬히 頭를 大駕에 向흐
야 仰瞻흐고 六步를 過흐면 軍旗 及 將校는 敬禮를 止흐고 中隊는 「

바루」號令에 正面ᄒᆞᄂᆞ니 但 行進 方向 線上에 在ᄒᆞᆫ 右翼 小隊長 或 下士ᄂᆞᆫ 正面을 直視ᄒᆞᆯ 事.

十九. 分列式이 全畢ᄒᆞ면 指揮官은 大駕 前 約 六步에 趨進ᄒᆞ야 敬禮ᄒᆞ고 勅令을 待ᄒᆞᆯ 事.

二十. 分列式을 畢ᄒᆞᆫ 諸 軍隊ᄂᆞᆫ 逐次로 指定ᄒᆞᆫ 地에 最初와 同ᄒᆞᆫ 順序로 整列ᄒᆞᆯ 事. 但 軍樂隊ᄂᆞᆫ 已在ᄒᆞᆫ 地에 在ᄒᆞ야 止樂ᄒᆞᆯ 事.

二十一. 大皇帝陛下 皇太子殿下게셔 還宮ᄒᆞ실 時에 御輦 入次ᄒᆞ시면 指揮 官은 最初와 同ᄒᆞᆫ 号音「氣着」을 下ᄒᆞ야 祇送ᄒᆞ고 軍樂 及 諸隊 喇叭手 鼓手ᄂᆞᆫ 敬禮号「國歌」를 一齊히 唱「三回」ᄒᆞᆯ 事.

二十二. 侍衛 倍(陪)衛의 部隊 後部가 式場에 過ᄒᆞᆫ 時ᄂᆞᆫ 各隊 大隊長 以上 은 指揮官의 面前에 集合ᄒᆞᆯ 事.

二十三. 指揮官이 諸隊 退場 歸營의 命令을 下ᄒᆞᆫ 時ᄂᆞᆫ 諸隊ᄂᆞᆫ 右翼으로부 터 順序를 從ᄒᆞ야 漸次 退去ᄒᆞᆯ 事.

注意

一. 節次 中 團隊長이라 ᄒᆞᆷ은 獨立大隊長 以上을 謂ᄒᆞᆷ이라.

一. 閱兵式 及 分列式의 整頓은 恒常 右로ᄒᆞᆯ 事.

一. 旅團長 及 騎砲兵 隊長은 當日 將校 以下 出場 人員을 午 ○時 式場에 셔 指揮官의게 報告ᄒᆞᆯ 事.

一. 제○聯隊로부터 標兵에 用ᄒᆞᆯ 下士 二名 上等兵 二名과 喇叭手 一名을 當日 午 ○時에 式場에서 指揮官의게 出ᄒᆞᆯ 事.

一. 閱兵式 時에 各 中隊 喇叭手 鼓手ᄂᆞᆫ 各其 大隊로 一隊를 成ᄒᆞ야 大隊 의 後方에 位置ᄒᆞᆯ 事.

一. 分列式 時에 各 聯隊의 喇叭手 鼓手ᄂᆞᆫ 其 第一大隊의 喇叭手 鼓手와

合ᄒ야 其 聯隊 先頭에 位置ᄒ고 該 喇叭長(下士)이 引率ᄒ야 分列式을 行ᄒ고 分列式이 畢ᄒ면 最初 位置에 復ᄒ 事.

一. 分列式은 步兵隊ᄂ 平步요 騎兵隊ᄂ 速步요 砲兵隊ᄂ 「山砲」 驅步로 行ᄒ 事.

一. 式場에 整列ᄒ 諸 團隊ᄂ 定間隔을 短縮ᄒ야 附圖와 如케 位實ᄒ 事.
　步兵大隊 間에 八步 以上
　步兵聯隊 間에 十五步 以上
　步兵旅團 間에 二十步 以上
　步兵大隊와 砲兵隊 間에 十五步 以上
　砲兵隊와 騎兵隊 間에 十五步 以上

一. 大駕—式場에 臨御ᄒ실 時에 軍樂隊와 喇叭手 鼓手가 敬禮号를 始ᄒ은 御輦이 門外에 臨ᄒ실 時에 奏始ᄒ 事.

一. 閱兵式 時에 指揮官이 將校 以下 總人員을 上奏ᄒ은 口稟이라.

一. 武官學徒ᄂ 指揮官의 命을 從ᄒ야 指定ᄒ 地에 占位ᄒ고 還宮 時까지 陪立ᄒ 事.

一. 各 團隊가 列兵ᄒ기 爲ᄒ여 整列ᄒ고 分列式을 行치 아니ᄂ 者ᄂ 指揮官의 指定ᄒ 地에 停止ᄒ야 在ᄒ 事.

一. 分列式 行進 方向을 標示ᄒ기 爲ᄒ야 左의 標兵을 置ᄒ 事.
　一. 分列式 發起点에 上等兵 一名
　一. 大駕 前 十五步 其 左方 六步 地에 下士 一名
　一. 大駕 前 十五步 其 右方 六步 地에 下士 一名
　一. 分列式 最終点에 上等兵 一名

一. 分列式 時 聯隊長 及 獨立大隊長이 其 部下 大隊長 及 中隊長이 大駕 前 六步 前에 來ᄒ 時에 其官 姓名을 上奏ᄒ 事.
　一. 第何大隊長 ○ ○ ○
　一. 第幾中隊長 ○ ○ ○

一. 分列式 時에 列外 將校 及 相當官은 倍(陪)觀 將校의 左方에 在ᄒ야 倍(陪)觀ᄒ 事.

一. 指揮官은 當日 午 ○時부터 式場 御軍幕 前에 在ᄒ 事.

一. 此 中에 示치 아니ᄒ 事ᄂ 總히 陸軍禮式 附錄에 準ᄒ 事.

一. 諸隊 集合隊形
　　步兵은 狹縮大隊 或 縱隊 橫隊
　　騎兵은 橫隊 或 中隊縱隊
　　砲兵은 狹縮 間隔의 橫隊 或 砲車縱隊

一. 大駕 臨御ᄒ실 時에 指揮官은 整列場 最右(左)翼에 在ᄒ 事.
　　旅團長 聯隊長은 部下 團隊의 右翼에 在ᄒ 事.

● (원문)皇宮外巡察規則

一. 皇宮外 巡察은 皇宮 外周을 巡視 警衛ᄒ기 爲ᄒ야 定行ᄒ이라.

二. 巡察 任務ᄂ 區域 內에 非常 警急ᄒ 事와 惑 火災가 有한 時ᄂ 軍部大臣에게 急報ᄒ고 守衛隊長에게도 卽時 通報ᄒ 事.

三. 巡察 區域은 大漢門 前으로 雲橋路, 惇德殿 門前, 漱玉軒 門前, 新門峴, 五宮洞, 永成門, 俄館後門, 會極門 前下, 白木橋, 西學峴, 布德門 前으로 乏ᄒ고 一時間 內에 二回 以上을 巡視ᄒ 事.

四. 巡察 人員은 副參尉 一員에 下士卒 五人을 屬ᄒ이라.

五. 巡察 尉官은 專혀 靜肅을 主ᄒ고 士卒을 엄속ᄒ야 服裝 及 武器를 整備케 ᄒ 事.

六. 巡察 尉官은 巡視執務ᄒ 時에 懸章을 掛ᄒ 事.

七. 巡察은 徵上 三各隊로 施行ᄒ되 巡廻 及 交代 順序 等은 各隊에셔 協議ᄒ야 乏ᄒ 事.

八. 巡察 時間은 黃昏으로 기ᄒ야 翌日 平明까지 至ᄒ되 交替ᄂ 一時間式 乏ᄒ 事.

九. 巡察 翌日에 各該 尉官이 巡察 時 事況 有無를 軍部大臣에게 報告ᄒ 事.

참고 그림

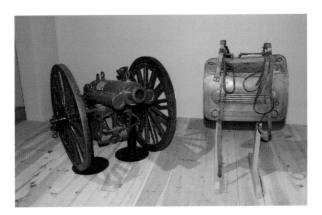

[그림 1] 광무 6년(1902년) 1월 초순 영국 비커스(Vickers Ltd)사로부터 맥심포(麥沁砲 Maxim gun) 6좌, 야전포 4좌, 산전포 8좌를 도입할 당시의 산전포(75mm mountain gun 1900) 『황성신문』 광무 6년(1902년) 2월 1일 「대포 구입」

[그림 2] 광무 3년(1899년) 10월 1만 정과 광무 7년(1903년) 3월 1만 2천 정을 도입한 프랑스 1874년식 그라 소총(Fusil Gras mle 1874), 『황성신문』 광무 3년(1899년) 10월 14일 「군총 영수(領收)」, 광무 7년(1903) 2월 28일 「함총장도(艦銃將到)」; 『주한일본공사관기록』 23권> 2. 전본성왕(電本省往) 1·2·3> (69) [영국 호위병 증원 및 프랑스에서의 군총 탄약 매입 건]

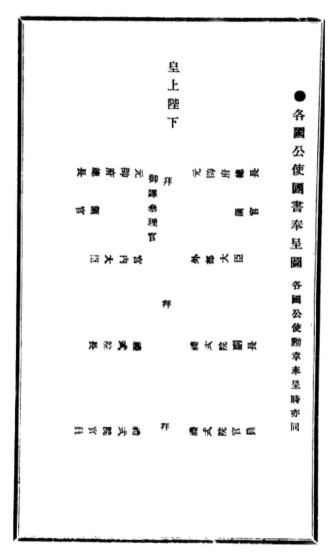

[그림 3] 『예식장정』예식원 편 광무 연간 p4 「각국 공사 국서 봉정도」시
립(侍立)은 황상 폐하 전면에 어역(御譯) 참리관, 좌측에 원수부총장 영관
외부대신 예식원부장 예식원관원 우측에 원수부총장 영관 궁내부대신 예식
원장 예식원관원 순이다.

제3차 수신사를 따라간
병대兵隊 연구

- 오감, 장대용, 신복모, 이은돌 중심으로 -

1. 머리말

대조선大朝鮮[1]은 외국의 선진 문물을 배워 국가를 근대화시키고 무비자강武備自强을 이루기 위해 인재를 뽑아 일본에 수신사修信使와 청국에 영선사領選使를 보내는데, 고종 18년(1881년) 5월 7일(음력 4월 10일) 동래부에서 출발한 박정양 이하 11명의 조사朝士와 수원隨員에 5명의 유학생을 포함한 조사시찰단朝士視察團을 파견하고, 9월 29일(음력 8월 7일) 한성에서 수신사 조병호趙秉鎬(1847.6.25~1910.4.10), 종사관 이조연李祖淵과 3명의 유학생을 포함한 제3차 수신사를 파견한다.

제3차 수신사의 병대兵隊를 다룬 연구로는 1985년 송병기宋炳基는『근대한중관계사연구』「연미론聯美論의 진전과 초기의 개화정책」에서 사행使行한 조병호는 일본 체류 중 수원 장대용・신복모・이은돌 등을 일본 육군사관학교에 입학시켰다고 하고 있다.[2] 노동은魯棟銀은 「개화기 음악연구 I」에서 이은돌이 쿄도단教導団에 입학과 교

---

1) 『승정원일기』 2890책(탈초본 133책) 고종 18년(1881년) 9월 20일(윤7월 27일) 사알(司謁)을 통해 구전으로 하교하기를 "오늘부터 시작하여 신사(信使)가 가지고 가는 국서에는 이덕지보(以德之寶)를 사용하지 말고 대조선국보(大朝鮮國寶)를 만들어 찍되, 새로 만드는 절차는 본소로 하여금 호조에 분부하게 하라." 하였다. (以司謁口傳下敎曰, 自今爲始, 信使齎往國書, 而用以德之寶, 造成大朝鮮國寶安寶, 而新造之節, 令本所戶曹分付);『고종실록』 고종 18년 윤7월 27일. 1881년 9월 20일부터 국호를 대조선국으로 하라는 하교에 따라 1881년부터 대조선으로 표기하였다.
2) 『근대한중관계사연구』「연미론(聯美論)의 진전과 초기의 개화정책」 p144

육 이수, 광주廣州에서 양병, 갑신정변 가담 등 장문에 걸쳐 살핀 바가 있다. 1986년 이광린李光麟은『한국개화사의 제 문제』「개화초기 한국인의 일본유학」에서 하사관 교육을 받기 위해 장대용·신복모는 육군 토야마戶山학교, 이은돌은 육군 교도단敎導團에 입학하여 1년 정도 수학하여 졸업했다고 간략하게 소개하고 있다.[3]

대조선은 무비자강武備自强의 목적으로 제3차 수신사 조병호의 종 인從人으로 일본에 파견한 장대용張大鏞(33)·신복모申福模(23)·이 은돌李殷乭(27)이 언제 육군 토야마戶山학교와 교도단敎導團에 편입 학하여 단기 하사 과정을 이수하고, 귀국한 후 국내외에서의 행적과 그 의의를 살펴보고자 한다.

2. 제3차 수신사 조병호를 따라간 여정

일본은 메이지明治유신으로 어느 정도 중앙집권제가 확립되자 제국주의적 침략주의를 모방하고 정한론征韓論에 동조하여, 폐번치 현廢藩置縣 등으로 몰락한 사족士族들의 내부 불만을 밖으로 돌리기 위하여 국교 재개 교섭에 사신 호위와 일을 독촉한다며 고종 12년(1875년) 5월 25일 운요호雲揚號를 예고 없이 부산에 파견하고, 6월 12일에는 다이니테이보우호第二丁卯號가 입항하여 이를 조사하자 함포 사격을 하는 등 위력 시위를 하였으며, 6월 20일부터는 운요호가 열흘간 동해안을 돌아다니며 탐측을 자행하고 돌아간다.

이어 오쿠보 도시미치大久保利通 정권은 '내각 분리문제'를 막기

---

3)『한국개화사의 제 문제』이광린 저 일조각 1986「개화초기 한국인의 일본유학」p50~51

위하여 정적 제거용으로 기획하여[4], 운요호 함장 해군 소좌少佐(소령) 이노우에 요시카井上良馨가 9월 20일 오후 4시 30분경 단정端艇을 강화도 초지진으로 접근시키는 도발을 하여, 조선 수비병이 단정을 향해 포격하자 소총으로 응사하면서 철수를 하고, 21일 10시 42분부터 초지진에 함포 사격을 하고, 오후 2시 40분에는 제2포대에 상륙하여 불태우고, 다시 22일 7시 18분부터 영종진永宗鎮 제1포대를 포격하고, 육전대를 상륙시켜 살육과 약탈을 자행한다.

이후 일본은 강화도 앞바다에서 무력시위를 하고, 이 사건의 책임은 조선 정부에 있다면서 수교 통상할 것을 요구하자, 청국의 권고도 있고 일본과의 무력분쟁은 피하자는 판단에 따라 고종 13년(1876년) 2월 27일(음력 2월 3일), 이른바 강화도조약이라는 조일수호조규朝日修好條規를 맺게 된다. 이때 일본 측의 답례사절 파견 권유와 접견대관 신헌申櫶의 일본 실정시찰 건의에 따라 제1차 수신사 김기수金綺秀를 5월 22일(음력 4월 29일) 부산포[5]를 거쳐 파견한다.[6]

이어 고종 16년(1879년) 10월 초순 무기제조 기술 학습인 군계학조사軍械學造事와 연병사練兵事에 관해 청국에 협조를 구하는 무비강구武備講究와 개국開國의 뜻을 두고[7] 제2차 수신사 김홍집金弘集을 파견하는데, 고종 17년(1880년) 7월 31일(음력 6월 25일)[8] 치토세마루千歲丸 편으로 부산진을 떠나 일본으로 가, 외무경 이노우에

4) 『한일관계사연구』 제33집 한일관계사학회 2009 「운요호사건과 이토 히로부미」 김홍수 p35
5) 『고종실록』 17책 13권 고종 13년(1876년) 윤5월 18일
6) 『국사관논총』 제66집 국사편찬위원회 1995 「1881년 조사시찰단의 활동에 관한 연구」 허동현 p4
7) op. cit. p6; 『근대한중관계사연구』 송병기 단대출판부 1985 p25~27
8) 『왜사일기(倭使日記)』 v14 이왕직실록편찬회 1920 「庚辰七月初七日 啓下」

가오루井上馨 및 조야 인사들과 주일청국공사 허루장何如璋·참찬
관 황쭌셴黃遵憲 등을 접촉하여 국제 정세와 특히 러·일의 침략
가능성과 일본의 근대화 등을 자세히 살핀다.[9]

조선은 서양에 대한 개국정책과 부국강병책의 추진에 앞서 통리
기무아문統理機務衙門과 세관의 조직 운영, 군제 개혁 등에 필요한
정보와 참고 자료를 수집하기 위하여 동래암행어사東萊暗行御史라
는 명목으로 고종 18년(1881년) 5월 7일(음력 4월 10일) 박정양 이
하 11명의 조사朝士와 수원隨員 중에 유학시킬 유길준·윤치호·유
정수柳定秀·손붕구孫鵬九·김량한金亮漢을 포함하여 조사시찰단朝
士視察團을 파견한다.[10]

[그림 1] 오사카(大阪)에서 요코하마(橫賓)로 갈 때 김옥균 일행이 탔던 와카노
우라마루(和歌の浦丸)

---

9) 『국사관논총』제66집 국사편찬위원회 1995 「1881년 조사시찰단의 활동에 관한 연구」허동현
   p6 김홍집은 귀국하여 『조선책략(朝鮮策略)』과 『이언(易言)』을 고종에게 진정(進呈)하였다.
10) op. cit. p9

이어서 불평등 조약을 개정하기 위하여 제3차 수신사 조병호趙
秉鎬와 종사관 이조연李祖淵 이하 33명을 파견하는데, 고종 18년
(1881년) 9월 29일(음력 8월 7일) 사폐辭陛 차 입궐하고, 한성에서
출발하여 10월 15일 동래에 도착 며칠 머물다가, 10월 19일 출항
하여 10월 23일 고베神戸에 도착, 역관 조한용 외 3명은 당일 오사
카성大阪城 등을 관광하고, 오사카부大阪府 관원들이 권한 공장 방
문이나 교토京都 방문은 마감 시간 이유로 실현되지 않는다.

10월 26일 와카노우라마루和歌の浦丸 편으로 출항하여 10월 28
일 요코하마橫濱에 도착, 당일 오후 4시 30분 출발 기차를 타고 도
쿄東京에 도착하여 해군성 부속 시바야마芝山의 제5호 제6호 관사
에 여장을 푼다.[11] 이어 장대용·신복모·이은돌을 하사관학교에서
전습傳習 받기를 원한다 요청하고, 국서 봉정을 위한 알현은 외무
성이 11월 2일 상신하여, 11월 9일 오후 2시에 메이지明治 일왕을
알현하여 국서를 봉정하고, 다과를 들고 3시경 물러난다.[12]

조병호는 상의위임서계商議委任書契를 갖추고 신수통상장정초안
新修通商章程草案과 신사신의해관세칙초안辛巳新擬海關稅則草案을
갖고 11월 17일 외무경 이노우에 가오루井上馨를 만나 통상장정과
해관 세칙 개정을 재기하였으나, 정식교섭과 의정議定을 거부하고
예비교섭으로 하나부사 요시타다花房義質 변리공사와 미야모토 고
이치宮本小一 외무대서기관을 내세워[13] 12월 12일까지 협상을 하

11) 『新聞集成 明治編年史』 제4권 신문집성명치편년사편찬회 편 린센샤(林泉社) 1936 p481 「朝鮮
修信使來朝」 東京日日新聞 메이지(明治) 14년 10월 31일, 国立公文書館アジア歴史資料セン
ター→ 건명 표제; 朝鮮国修信使着京芝山内海軍省附属官舎ヲ旅館ニ充ルノ件

12) 『駿台史學(순다이사학)』 제121호 2004 「朝鮮修信使と明治政府(조선 수신사와 메이지 정부)」
落合弘樹(오치아이 히로키) p11

13) 『일본외교문서』 14권 문서번호 138 一月十九日 井上外務卿ヨリ三條太政大臣宛 朝鮮國信使稅
則談判槪略上申ノ件

였으나, 지연술책으로 결렬되어 12월 17일 귀국길에 오른다.14)

한편 일본은 1869년(메이지 2년) 육군 간부 양성을 위하여 오사카병학료大阪兵学寮를 설치하고, 1870년 5월에는 병학료 내에 하사 양성을 목적으로 쿄도타이教導隊를 설치하는데, 1871년 12월 8일 도쿄東京로 이전하여 육군 쿄도단教導団으로 개칭한다. 1873년 10월에는 병학료에서 분리, 육군성 직할로 1899년 11월 30일까지 있다가 폐지하는데, 병과는 포병, 공병, 보병, 기병, 치중병輜重兵, 본악 및 나팔(약 30명)이 있었다.

육군 토야마戸山학교는 1873년(메이지 6년) 6월 22일 구 오와리번尾張藩 밑 집터에 육군병학료 토야마戸山출장소로 설치해 하사관의 훈련 업무를 시작하여, 1874년 2월에는 육군 토야마戸山학교로 개칭하고 사격, 총검술, 체조, 공수전법, 조련, 제 근무, 나팔을 가르쳤으며, 1887년 10월에는 군부에 예속된다.

도쿠가와德川 막부幕府는 군대를 근대화시키기 위하여 1867년 제1차 프랑스 군사고문단을 초청하여 2년간 지도를 받았고, 1872년 5월에는 제2차 프랑스 군사고문단을 초청하여 1880년까지 지도를 받았으며, 사관 9명, 하사관 14명, 군악대 책임자로 4등 악수樂手인 구스타브 다그롱(Gustave Charles Desire Dagron 1845~1898), 수의사 1명, 장인 2명으로 구성되어 있었다.

이 중 다그롱은 여섯 차례나 계약 기간을 연장하여 1883년 7월까지 근무하였고, 소목장(가구공 Schreiner) 출신으로 정규 음악 교

---

14) 조병호는 1881년 12월 17일 도쿄(東京)를 출발 당일 요코하마(横浜)에서 히로시마마루(広島丸)를 타고 고베(神戸)에 도착 12월 23일 치토세마루(千歳丸) 편으로 귀국길에 오른다. 国立公文書館アジア歴史資料センター> 건명 표제; 朝鮮信使御暇謁見ノ件; 趙秉鎬帰国ニ付謁見附横浜解纜『新聞集成 明治編年史』 제4권 신문집성명치편년사편찬회 편 린센샤(林泉社) 1936 p503 「朝鮮修信使一行 神戸から乗船歸國」 朝野新聞 메이지(明治) 14년 12월 21일

육은 받지 못한 것으로 알려져 있는데, 클라리넷 색소폰 등 목관

악기는 1873년 1월 오스트리아인 엥겔(Engel)로부터 1년간 지도를

받았고, 트롬본·바스(콘트라베이스) 등 금관 악기는 1874년 4월에

추가로 파병된 1등 악수인 브뤼나슈(Brunache)에게 지도를 받아 착

실하게 육군군악대를 성장시켰다.[15]

3. 쿄도단教導団에서의 전습 생활

도쿄東京에 도착한 조병호는 장

대용張大鏞(1849~?)·신복모申福

模(1859~1884.12.6.)·이은돌李殷

乭(銀突, 殷石, 銀石, 銀乭 1855~

1887.2.22)을 일본 육군 하사관학

교에서 전습傳褶 받기를 원하자,

외무성은 공식 서한으로 요청해야

한다고 하여 조회照會를 한다. 조

회를 받은 외무경 이노우에 가오루

井上馨는 장대용과 신복모는 보병

으로, 이은돌은 나팔수 지원으로

1881년 11월 4일 육군경 오야마

이와오大山巖에게 조회하고, 오야

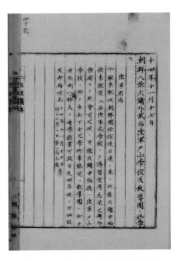

[그림 2] 건명표제: 朝鮮人張大鏞外二
名外(戶가 오기)山学校教導団ニ於テ修
学ス(조선인 장대용 외 2명 토야마학교
쿄도단에 수학했다.)

마大山는 11월 17일 장대용·신복모는 육군 토야마戶山학교 보병

---

15) フランツ・エッケルト没後100周年記念特別展(프란츠 에케르트 사후 100주년 기념 특별전)> 近
代アジアの音楽指導者エルケルト(근대 아시아의 음악 지도자 에케르트) 도쿄(東京)대학 코마바
(駒場)박물관 2016. 3. 12 - 6. 26「Panel Tok-4 陸軍軍楽隊の初代教師ダグロン(육군군악대의
초대교사 다그롱)」

하사학술, 이은돌은 쿄도단教導團 보병 나팔술과로 태정대신太政大臣 산조 사네토미三條實美에게 조회를 하자, 태정관은 당일 호외로 수업을 받을 수 있도록 통지한다.16) 이로써 장대용·신복모는 육군 토야마학교에, 이은돌은 쿄도단에 11월 28일에 편입학을 한다.17)

“一第五一八〇号 総月第四七七号
朝鮮国京城ニ於テ堀本少尉ヨリ我陸軍軍事得為@ヘ更居ヘ者之田ニテ張大鏞申福模李銀突シ三名今般来航之信使召連レ来ル御省其筋ニ出テ伝習更度旨候使ヨリ申出右一学業年齢之度体格其他成規トモ可有之候得共御差支之儀無之候ヘ特別之訳ヲ以右三名之志願相逐候様致度就而一右志願之通リ御差許相成候事ニ下ヘ兵隊ニ編入実地演習相成候方与又ハ学校ヘ入学相成候方都合候@然候哉御見込ヲモ并テ致承知度此段及御照会候也
　　十四年十一月四日
　　　　外務卿 井上馨
陸軍卿 大山巌 殿
　　　　　歩兵志願 張大鏞 三十三年
　　　　　仝　　　申福模 二十三年
　　　喇叭手志願 李銀突 二十七年”18)

“〇 十一月十七日 号外　戸山学校
今般来航候朝鮮人之中張大鏞申幅摸儀陸軍歩兵科学術伝習相受度志望之趣外務省ヨリ照会有之候ニ付テハ其校ヘ通学為致候条該科下士之学術授業方可取計此旨相達候事
〇 十一月十七日 号外　　教導団
今般来航候朝鮮人之中李銀突儀陸軍歩兵喇叭伝習相受度志望之趣外

---

16) 国立公文書館アジア歴史資料センター> 건명 표제; 陸軍省之部 朝鮮人陸軍武学校ニ於テ授業ノ儀届ノ件 1881년 11월 17일. 『도쿄니치니치신문(東京日日新聞)』 1881년 11월 21일 이번에 건너온 한인 이은돌 씨는 쿄도단에 들어가 보병과의 나팔을 배우고자 하는 뜻을 육군성에 표하여 허가를 득하였다. (今渡来航ノ韓人李銀突氏ハ教導団ヘ通学して歩兵科の喇叭を修行したき旨陸軍省ヘ願ひ出て許可を得られたり)

17) 『서재필과 그 시대』 서재필기념회 편 서재필기념회 2003 「서재필과 일본 군사유학」 박영준 p87

18) 国立公文書館アジア歴史資料センター> 건명 표제; 11月 4日 井上外務卿 我陸軍々事前練を希望する朝鮮国人の受入に関する問合 1881년 11월 4일

務省ヨリ照会有之候ニ付テハ其団ヘ通学為致候条該術科授業方可取
計此旨相達候事"19)

편입학한 이들은 모두 통역을 붙여20) 6주 차 훈련을 받고 있는
데, 장대용은 병에 걸려 통역 오감吳鑑21)이 요청하여 배로 동東으
로 요양을 떠났으나 낫지 않아, 감염병의 전염을 막고 완쾌를 위하
여 외무경 이노우에 가오루井上馨가 육군경 오야마 이와오大山巖에
게 1882년 1월 10일 귀국 신청을 하고, 조선 정부에 대해서는 외무
성이 알리겠다며 조회하자, 육군경 오야마大山는 1월 14일 외무경
이노우에井上에게 회신한다.22)

"陸軍省 受領 壹第七四号　　　　　　一月十二日
外務省 庶務局 用第一号
朝鮮国信使趙秉鎬ヨリ依頼ニ同リ客巖十一月中御照会ノ末同国人三
名陸軍軍事習之依御承諾ニテ目六習練罷在候処右之内張大鏽ナル者
通弁人吳鑑ヲ以テ願出候ニ召渡航相成引続当病迚モ成業者モ覧東且
当時感染ノ病定易ニ全快之目途気ニ付帰国此積申出右ハ朝鮮政府
ヘハ本省ヨリ通去可致此航左名候承知相成交此段及御照会候也
　　明治十五年一月十日
　　　　　外務卿 井上馨
陸軍卿 大山巖 殿"23)

19) op. cit.> 건명 표제; 朝鮮人戸山学校ヘ通学2条 1881년 11월 17일

20) 『일본외교문서』 14권 문서번호 137 十二月十六日 井上外務卿ヨリ在京城副田屬宛. 朝鮮修信使
一行ノ消息通知ノ件 육군성과의 협의 등도 끝내고 통역을 붙여 현재 각각 학습하고 있습니다.
(陸軍省ヘ打合等モ相済通辯人差添現ニ夫々學習致居候)

21) 청국의 『신보(新報)』 1882년 4월 29일 자에 오감・이은돌・신복모・장대용이 토야마학교에서
병법을 배운다 하여 함께 일본에 간 것으로 보인다. 릿쿄대학(立教大學) 갑제469호 2018. 3 「
중일 근대 신한어에 대한 연구(中日近代新漢語についての研究) −불교 유래 한자어 중심으로
(仏教由来漢語を中心に)−」 후신샹(胡新祥) p28

22) 国立公文書館アジア歴史資料センター> 건명 표제; 外務朝鮮人張大鏽帰国云々答 1882년 1월 14일

23) op. cit.> 건명 표제; 1月10日外務卿陸軍軍事習練罷在朝鮮国人1名病全快の目途なく帰国申
出の件 1882년 1월 10일

장대용은 1월 18일(음력 1881년 11월 29일) 화륜선을 타고 1월 25일 나가사키長崎에 도착하여 12일을 대기하였다가, 2월 7일 상인들이 물건을 수송하는 돛이 2개인 배를 타고 나가사키長崎에서 출발하여 6일이 걸려, 2월 13일(음력 12월 25일) 오전 7시~9시 사이인 진시辰時 부산 관소館所에 도착한다.24)

신복모는 육군 토야마戶山학교 보병 하사학술을 교육받은 이래로 자기 혼자 독립술과는 잘 진행되어, 세색細索 운동만으로는 다소간 동작을 충분히 익힌 상태에 이르러, 소대 중대 대대의 술과는 쿄도단教導團 보병 생도와 같이 교육을 받을 수 있도록 1882년 5월 22일 토야마戶山학교장대리 육군 보병 대좌(대령) 나가사카 아키노리長坂昭德가 육군경 오야마 이와오大山巖에게 조회를 하자, 5월 25일 허락 회신을 한다.25)

그러나 신복모는 12개월 과정이 졸업인 수업을 받고 있는데, 지난 3월 상순경 갑자기 귀국 허락받아 6, 7주간 걸려 조선을 갔다가 돌아온 후 1개월이 지나 무단으로 나가사키長崎를 갔다 와서 며칠이 되지 않아, 다시 규슈九州 지방으로 가 현재 부재중인데 점점 더하여 행동거지를 제멋대로 하여, 통역의 소임이나 기숙사의 처지는 생각지 않는 것 같으며 신복모에게 주어진 학과는 물론 술과상에도 큰 영향을 주어 진전의 흔적이 거의 보이지 않았다.

하지만 중대 대대로 이어지는 훈련을 문의한 뒤에 현재 쿄도단에서 배우고 있지만, 원래 신복모는 언어 문학 모두 하지 못하여 그

---

24) 『통제영계록(統制營啓錄)』 고종 19년(1882년) 정월 12일(양 3월 1일) 승정원 개탁(開坼)

25) 国立公文書館アジア歴史資料センター> 건명 표제; 戶より朝鮮人教導団に於て練習為致度伺 1882년 5월 25일, 國立國會圖書館サーチ> 戶山学校へ通学ノ朝鮮人張大ヨウ申福模小隊中隊大隊ノ術科ハ於教導団練習セシム 1882년 5월 25일

과목 내에서 겨우 술術과 호령의 말만 4개월이 좀 못 되어 자연히 기억하여 호령에 따라 여러 동작은 어지간히 되었지만, 이야말로 농인聾人에게 다른 것을 지시한 후 좌우 진퇴 그러면 같아서 단지 그 호령에 따라 좌우 진퇴를 하고, 그 진퇴만 하는 까닭에 도무지 이해하지 못하니 거듭할 수 없었다.

이와 같은 형편으로 작년을 돌이켜 보면 가장 초기의 월간 예정 과목을 졸업하려고 와서, 더 배우지는 못하였다. 이와 같아도 통역을 지장 없이 붙여 보병조전 외에 중대 대대를 연이어 훈련과 사격의 실습도 마치고 가르침이 많아 졸업의 기일에 앞서 이미 마치자, 토야마戶山학교장대리 나가사카 아키노리長坂昭德는 육군경 오야마 이와오大山巖에게 실정 보고를 한다.

"陸軍省受領參第一五一〇號　　　　　戶第一六號
朝鮮人通学生進歩上故障有之儀ニ付申進
客年十一月送乙第四〇一五號ヲ以テ御達相成度朝鮮人申福模教授之儀教導團歩兵科生徒教射ニ準処シ允ソ十二個月間ニテ卒業ノ身込ヲ以テ授業致居候処通弁呉鑑儀如何ナル事情有之候哉去ル三月上旬頃俄ニ致帰国徃復日数允ソ六七周間ニシテ還リ来リ尓後一ケ月ヲモ経サルニ無断ニテ長崎ニ出向キ其長崎ヨリ帰ルヤ未タ数日ナラス又々九州地方ニ候越シ目今不在中ニ有之右等之次第甚タ気儘ナル挙動ニテ通弁之任ハ舎テ顧ミサルモノゝ如ク之カ為メ申福模ニ授クヘキ学科ハ勿論術科上ニモ大ヒニ影響ヲ生シ進歩之跡殆ント梗塞致シ候尤モ中隊大隊之成列運動ハ伺済之上即今教導團ニ於テ為相学居候得共元來申福模儀ハ言語文學共ニ不通ニ有之其内僅カニ術科号令之詞ノミハ四月之欠シキ自然ニ記憶シ號令ニ應シ諸動作ハ可也ニ出來候得共是レ恰モ聾人之他之指示ニ後ヒ左右進退スルト同一ニテ唯其號令ニ随ヒ左右進退スルノ之其進退スル所ノ以ノ理ニ至リテル更ニ了解スル能ハサルハ申追モ無之果メ此ノ如キ姿ニテハ昨詮最初期辷之期月間ニハ預定之課目卒業爲致候儀甚タ無受來此上可然通弁之レ無キニ扵テハ@@歩兵操典ノ外中隊大隊之成列運動ト射撃ノ現業ナヲテ

ハ教授雜致@ハ卒業ノ期日ニ段之前秉之次第上申致シ候モ如何ニ付
爲念豫メ申進候也
　　　　戶山學校長代理
明治十五年七月十九日　陸軍步兵大佐　長坂昭德
　　陸軍卿　大山巖　殿"26)

　이은돌은 쿄도단教導團 보병 나팔술과에 편입학하여27) 프랑스식
나팔 교습28)을 받는데 습득이 뛰어나, 일본의 일간지에 그 기사가
종종 실렸다. 도쿄니치니치신문東京日日新聞 1월 28일자에 통역을
붙여 매일 1인 특별 나팔 교습을 받고 있는데, 1월 말에 이르러서
는 크게 능숙하여 쿄도단 생도와 같이 연습하기도 하고29), 6월 17
일에는 오랫동안 군악을 연습 중인 조선인 이은돌은 의외의 숙달
로, 다가오는 8월 중에 전 과정을 졸업하게 된다고 한다.30) 이처럼
이은돌은 기존 생도들의 수업을 뒤쫓아 가, 상위의 나팔술과를 마
쳐 졸업장 수여를 1882년 9월 16일 쿄도단장 육군보병 대좌(대령)
와타나베 히로시渡辺央가 육군경 오야마 이와오大山巖에게 보고를
한다.31)

---

26) op. cit.> 건명 표제; 朝鮮人通学生進歩上故障有之儀に付申進 1882년 7월 19일

27) 『東京日日新聞(도쿄니치니치신문)』1881년(메이지 14년) 11월 21일 "今渡来航ノ韓人李銀突氏
ハ教導団へ通学して歩兵科の喇叭を修行したき旨陸軍省へ願ひ出て許可を得られたり"

28) 『음악연구』제4집 한국음악학회 1985 「개화기 음악연구 Ⅰ」노동은 p126, 일본은 1885년 12
월 '육해군나팔보'를 제정하기 전 프랑스식 나팔보를 사용했다. 『静岡文化芸術大学研究紀要(시
즈오카문화예술대학 연구기요)』VOL.19 2018 「陸海軍喇叭譜(1885) 制定以前の陸軍フランス
式ラッパ譜について(육해군나팔보(1885) 제정 이전의 육군 프랑스식 나팔보에 대해)」奧中康
人(오쿠나카 야스토) p50~67

29) 『東京日日新聞(도쿄니치니치신문)』1882년(메이지 15년) 1월 28일 "朝鮮人李銀突氏は是まで
日々一人特別に喇叭の教授を受居たるば当今に至ては其枝大に上達したれば教導団生徒と同時
間に稽古するを゛なりたり"

30) op. cit. 1882년 6월 17일 "韓人陸軍樂隊を卒業. 豫て陸軍樂隊に永く軍樂稽古中なる朝鮮人李突
銀氏は,意外の上達にて,來る八月中には全科を卒業なすべしと云ふ"

31) 国立公文書館アジア歴史資料センター> 건명 표제; 朝鮮人李銀突ラッパ授業の儀に付申進 1882
년 9월 16일

이어 9월 21일 이은돌과 신복모의 졸업 사항을 조선 정부에 통첩하라는 육군경 오야마大山의 조회에, 외무경대리 외무대보外務大輔 요시다 키요나리吉田淸成가 한성에 있는 외무서기관 겸 영사 5등관 상당인 곤도 신스케近藤眞鋤 임시대리공사에게 알렸다는 것을 10월 3일 보고한다. 도쿄니치니치신문東京日日新聞 9월 30일 자에 육군 쿄도단의 나팔 교원 우메자와 아리히사梅澤有久 씨의 최근 병사病死에 대해 그저께 제구료로 육군성에서 50엔을 주었고, 이단에 지원한 보병 나팔을 배운 조선인 이은돌은 증서를 받고 귀국했다는 기사에 따라 이은돌은 9월 하순에 졸업하고 머물렀다가 10월 22일 귀국 길에 오른다.[32]

> "陸軍省受領 壹 第三四二七号
> 公第八一号
> 九月二十一日附送甲第三五八八号ヲ以テ教導団於テ喇叭戸山学校於
> テ歩兵科脩業罷在候朝鮮人李銀突並申福模之両名卒業之儀ニ付同国
> 政府ヘ照会可致旨御申越之趣承知致候右之趣早速同国政府ヘ通牒可
> 致旨京城在留之近藤代理公使ヘ申入置候条右了承有之度此段及回答
> 候也
> 　明治十五年十月三日
> 　　　外務卿代理 外務大輔 吉田淸成
> 陸軍卿 大山巌 殿"[33]

---

32) 『사화기략(使和記略)』 박영효 고종 19년(1882년) 10월 22일(음력 9월 11일) 11일 맑음 병대 이은석은 나팔 학습을 마치고 귀국 편에 연유를 치계 한다.(十一日, 晴, 兵隊李殷石, 喇叭卒業, 歸國便付馳啓) p102

33) 国立公文書館アジア歴史資料センター> 건명 표제; 10月3日外務卿代理　教導団於て喇叭戸山学校於て歩兵科修業朝鮮人両名卒業の件 1882년 10월 3일

4. 귀국 후 국내외의 행적

　일본에서 토야마戶山학교에서 장대용과 신복모를 통역하던 오감 吳鑑은 1882년 8월 6일 시모노세키下關에서 인천행 콘고함金剛艦 을 타고 조선에 돌아와[34] 특별한 행적은 보이지 않다가 고종 21년 (1884년) 9월 13일 재판과 경찰 두 가지 법은 나를 다스리는 가장 급한 일이라면서 법을 확립할 것을 청하는 상소를 올리고[35], 12월 4일 갑신정변에 가담하였다가 실패하자 관철교 부근에서 백성들에 게 피살되었다는 소문을 윤치호가 12월 15일 접한다.[36]

　신복모는 귀국 후 박영효朴泳孝(1861～1939)가 고종 20년(1883 년) 2월 6일(음력 1882년 12월 29일) 한성부 판윤判尹[37]이 되어 도로정비로 백성들이 매우 힘든 일을 당해 흩어지는 물의를 빚어, 4월 23일(음력 3월 17일) 광주부廣州府 유수 겸 수어사留守兼守禦 使로 전임轉任된[38] 박영효 휘하로 가, 남한교련병대南漢敎鍊兵隊 600여 명을 이은돌과 같이 신식 군사훈련을 시키고 나팔수도 양성 하는데[39], 정부는 병대의 양성이 위험시되어 10월 31일(음력 10월 1일) 병정 100명과 영솔領率 교사, 대장隊長 등 9명을 어영청으로 이속시켜[40] 11월 22일 친군전영親軍前營으로 편성한다.[41] 전영前

---

34) op. cit.> 견명 표제; 2.朝鮮事変弁理始末／3 馬関彙報 1 (明治)15年8月10日から(明治)15年8月 15日 김옥균의 의뢰와 하나부사 요시타다(花房義質) 변리공사의 승낙으로 오감·김봉진(金鳳 鎭)은 1882년 8월 6일 시모노세키(下關)에서 인천행 콘고칸(金剛艦)을 타고 귀국한다.

35) 『승정원일기』 2926책(탈초본 134책) 고종 21년(1884년) 9월 13일(음력 7월 24일) 全羅南道南 原幼學 吳鑑訴曰, (중략)惟裁判·警察二法, 最爲治國之急勞,

36) 『윤치호 일기』 제1권 고종 21년(1884년) 12월 15일(음력 10월 28일) "들으니 오감 피살되었다 한다. (聞吳鑑被殺云)", 『김옥균전 상권』 고균(古筠)기념회 편 게이오(慶應)출판사 1944 p420

37) 『일성록』 263책 고종 19년 음력 12월 29일 以朴泳孝爲判尹 金奭鎭爲左尹 鄭洛鎔爲右尹

38) 『고종실록』 고종 20년(1883년) 음력 3월 17일 (전략)朴泳孝爲廣州府留守…, 음력 3월 22일 金 陵尉 朴泳孝疏略

39) 『신민』 제14호 신민사 1926 「갑신정변」 박영효 p42

營에 소속된 신복모가 군사를 교련시키는 것을 윤치호는 12월 19일 루셔스 푸트(Lucius Harwood Foote) 미국 공사와 고종 21년(1884년) 3월 28일 미국 군함 사관 위칠緯七 군의관 우두禹頭와 같이 가서 목격한다.42)

한편 고종 20년(1883년) 5월 13일(음력 4월 7일) 무과 초시初試에 응시하여 정6품인 사알司謁을 통해 구전口傳으로 한 하교에 "한량閑良 신복모·이은석·이창규에게 모두 무과를 내려 주라." 하여43), 과거에 급제한 사람을 적은 방 끝에 초시 합격자도 적어 합격시키는 부지방말付之榜末로 전시殿試를 볼 수 있는 자격이 주어진 직부直赴인이 되었고44), 이어서 고종 21년(1884년) 8월 4일(음력 6월 14일) 수문장으로 초임을 맡는다.45)

10월 23일(음력 9월 5일)에 종6품인 부장部將 참상參上 가설加設에 신복모를 단망單望으로 정하였고, 7품 이하인 부장 남행南行46) 가설에는 연해沿海에서 무예를 배우느라고 수고를 아끼지 않아 가상하여 교련생도 출신인 박응학·윤영관·이건영 한량閑良인

---

40) 『고종실록』24책 20권 고종 20년(1883년) 10월 31일(음력 10월 1일) 敎日 南漢敎鍊兵隊 移屬 御營廳 使之鍊習事分付。

41) op. cit. 고종 20년 11월 22일(음력 10월 23일) 敎日 新設敎鍊所 稱以親軍前營, 남한교련병대의 양성이 위험시되어 100명을 이속시켜 560명의 친군전영이 되었다. 『한성순보』통리아문 박문국 개국 492년(1883년) 11월 20일(음력 10월 21일) 「광류장계(廣留狀啓)」

42) 『윤치호 일기』제1권 고종 20년 음력 11월 20일 見申君福模敎鍊兵丁, 美使稱歎不已, 고종 21년 음력 3월 2일 與美艦士官緯七及軍醫禹頭, 往觀申君敎鍊, 『지지신보(時事新報)』메이지(明治) 17년(1884년) 1월 9일 잡보 「朝鮮近況」신복모를 교사로 삼아 일본식 병사 백 명을 훈련시키기도 하고(申福模を敎師として日本式の兵士百名を訓練したり)라는 기사가 있다.

43) 『승정원일기』2911책(탈초본 134책) 고종 20년(1883년) 음력 4월 7일 以司謁口傳下敎日, 閑良 申福模李銀石李昌奎, 竝賜武科。

44) 『일성록』266책 고종 20년 음력 4월 7일 41면 命前後直赴人付之,今番武科殿試榜末一體放榜命 閑良申福模李銀石李昌奎竝賜武科口敎也

45) op. cit. 281책 고종 21년(1884년) 음력 6월 14일 87면 再政以許相直 崔秉默 河宅柱爲假監役 李奎甲爲宗府參奉 申福模爲守門將 相直以下初仕也, 『입조록(立朝錄)v5』이재원 찬 18a

46) 무과를 거치지 않고 임명된 부장.

이규완・정란교・신응희・정종진・백락운・이병호・임은명・신중
모申重模(1864~1885.1.28)・정행징과 함께 단부單付 한다.47)

11월 26일 김옥균은 정변을 일으키기 위하여 부평부富平府에 있
는 친군기연해방영親軍畿沿海防營 민영목 총관기연해방사무48) 밑에
교사敎師로 있는 신복모에게 이은돌을 급히 보내 불러오고49), 군사
지원을 다케조에 신이치로竹添進一郎 일본공사로부터 약속을 받자,
11월 27일 신복모는 갑신정변에 가담하기로 한다. 김옥균은 12월 1
일 거사를 12월 4일로 정하고 구체적인 임무를 분담하는데, 신복모
는 금호문 밖에서 전영前營 병대 중 13인을 임시 의義를 위해 나서
는 자로 하여 모두 43명의 동지 장사를 초집하여 이동泥洞(진골) 근
처에 매복하기로 한다.50) 12월 2일 아침 일찍 신복모는 부평부에서
올라와 밤에 김옥균 집에서 모여서 거사 계획을 다듬는다.

12월 4일 저녁 김옥균은 우정국 개국開局 연회를 이용하여 갑신
정변을 일으키고 고종 이하 각전各殿과 궁宮을 경우궁景祐宮51)으
로 이어移御 하였으나, 왕과 왕비께서 좁고 누추하다며 강력히 환
궁을 주장하여 12월 5일 오후 5시경 창덕궁으로 환궁하였는데, 12
월 6일 오후 3~5시인 신시申時에 청국군과 좌・우영 군의 창덕궁

47) 『고종실록』 고종 21년 8월 28일(양력 10월 16일), 『승정원일기』 2928책(탈초본 134책) 고종
　　21년 음력 9월 5일 兵批(중략) 部將參上加設單申福模, (중략)部將加設單朴應學 尹泳寬 李建英,
　　南行加設單李圭寬 鄭蘭敎 申應熙 鄭鍾振 白樂雲 李秉虎 林殷明 申重模 鄭行徵, 守門將加設單
　　李殷石 李昌奎 宋泰仁 張漢奎 張斗鉉 金景銓
48) 『고종실록』 24책 20권 고종 20년 12월 5일 督辦交涉通商事務閔泳穆, 總管畿沿海防事務差下
　　민영목은 1884년 1월 2일에 임명되고 1월 31일(음력 1월 4일) 설치되었다.
49) 『김고균갑신일록』 김옥균 저 p46 11월 26일 使李殷石 卽發急足 于富平招來申福模
50) op. cit. p56 金虎門外申福模 招集同志壯士(前營兵隊中十三人者 卽是臨時赴義者 合爲四十三人)
　　埋伏于泥洞近處
51) 종로구 계동 140-2번지로 현대엔지니어링 빌딩이 있는 곳이다. 『조선중앙일보』 1934년 12월
　　9일 「50년 전의 12월 4일! 개혁 운동의 제일성」

공격을 피해 북장문인 광지문廣智門으로 나서자, 고종을 호위하던 일본군도 공격을 받아 일본공사가 일본군의 철수를 결정하여 정변이 실패로 돌아가자, 김옥균 이하 10명은 일본공사를 따라 교동校洞 일본공사관52)으로 피신하고, 고종을 따라 북묘北廟53)로 간 홍영식·박영교·신복모 이하 7명의 병사는 우리 군사들에 의해 쳐 죽임을 당하였다.54)

정변에 가담한 동생 신중모55)는 대역부도죄인희정등국안大逆不道罪人喜貞等鞠案을 보면 고종 22년(1885년) 1월 23일(음 1884년 12월 8일) 포도청에서 의금부로 이송하여 전 금위영에서 정국庭鞠을 당하고, 1월 28일(음력 12월 13일) 결안정법結案正法하여 김봉균·이희정·신중모·이창규는 군기시軍器寺 앞길에서 부대시不待時56) 능지처사陵遲處死되었다.57)

이은석은 고종 21년(1884년) 10월 23일(음력 9월 5일) 수문장 가설에 이창규·송태인·장한규·장두현·김경전과 함께 단부單付

---

52) 『한성순보』 박문국 개국 493년(1884년) 「일본공사이관(日本公使移館)」 4월 16일(음력 3월 21일) 금릉위궁(金陵尉宮)을 매입하여 옮겼으며 지금의 종로구 경운동 85, 88번지 천도교 중앙대교당 자리다. 『매일신보』 1928년 9월 9일 「한말 정국, 당년의 추회(追懷) 종(終) 조각(組閣)의 대망도 귀수포(歸水泡) 동지는 일본에 망명 박영효 김옥균 씨는 총상도 당해 갑신년 탈주…」

53) 북묘는 숭1동 2번지로 지금의 서울과학고등학교 운동장 서남쪽 명륜동 1가 1번지 하부, 주택지 2-2, 12~14, 17~21, 23, 아이들 극장 2-39수, 42로서 입구에 하마비(下馬碑)가 남아 있다. 『(경성부일필매)지형명세도』 카와이 신이치로(川合新一郎)편 조선도시지형도간행회 1929 도제 78호, 도제97호

54) 『갑신사변안(甲申事變案)』 v1 p4b 우리나라 병정이 홍영식, 박영교를 끌어내어 베어 살이 뭉그러지고 또 생도 7명을 죽였다. (我國兵丁牽出英植泳教斫爲肉泥 又殺生徒七人),『고종실록』 25책 21권 고종 21년 음력 10월 19일 我兵斫殺英植及泳教 又殺生徒七人.

55) 출생지는 남부 효경교(孝敬橋)이나 청령교(蜻蛉橋)에서 입적되었고 형 흥모는 지금의 중구 을지로5가와 오장동에 걸쳐져 있는 대동(帶洞)이다.

56) 참형(斬刑)은 추분 이후부터 춘분 사이에 집행하게 되어있으나 십악대죄 등 중죄를 범한 죄인은 때를 가리지 않고 그대로 집행하는 것을 말한다.

57) 『추안급국안(推案及鞠案)』 중 갑신정변 관련자 심문·진술 기록』 박은숙 아세아문화사 2009 p78, 110, 137, 157, 『의금부국안(義禁府鞠案)』 이왕직 실록편찬회 초록 1932 「대역부도죄인희정등국안(大逆不道罪人喜貞等鞠案)」 p67~72, 89~93, 107~110, 120, 129, 131

하였고58) 정변 실패로 함께 피신한 김옥균·박영효·서광범·서재필·변수·유혁로·이규완·정란교·신응희·임은명59) 등과 12월 7일 오후 3시 30분 일본공사관을 나서, 8일 오전 9시 전에 인천 일본인 거류지에 도착한다. 9일 미쓰비시三菱 기선 치토세마루千歲丸 선내로 은신하여 있다가, 12월 11일 오전 7시 30분에 출항 일본으로 망명하여 13일 오전 9시 30분에 나가사키長崎에 입항한다.60)

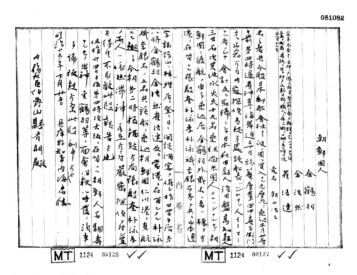

[그림 3] 김학우 김호연 최호련 박영빈 이은석 귀국 탐정 보고

<hr />

58) 『승정원일기』 2928책(탈초본 134책) 고종 21년 9월 5일 兵批 (중략) 守門將加設單李殷石李昌奎宋泰仁張奎漢奎張斗鉉金景銓

59) 国立公文書館アジア歴史資料センター> 건명 표제; 1. 韓人ニ関スル警視庁及兵庫県庁ヨリノ報告／1 메이지(明治) 19년 1월 7일~7월 6일 p24

60) 『新聞集成 明治編年史』 제4권 신문집성명치편년사편찬회 편 린센샤(林泉社) 1936 p559 「京城急變 落ちつき返つた當時の新聞記事」 東京日日新聞 메이지(明治) 17년 12월 15일, 『한일관계사연구』 제47집 한일관계사학회 2014 「갑신정변 체험기『遭難記事』 필사 원본의 발굴과 사료적 특징」 신동규 p104 同三時三十分 舘内の日本人一同逑に舘を出て゛ 仁川に向へり, p108 皆 仁川港濟物浦の居留地に着し, p114 同十三日午前九時三十分長崎港に着す.

[그림 4] 『豪商神兵 湊の魁(호상 고베・효고 항구의 선구)』 가키누키 요스케(垣貫与祐) 저 1882 p33

입항하자마자 츠지 가츠사부로辻勝三郎 선장은 친구 사카모토 가헤이타坂本嘉平太의 사촌 형인 해산물 중매상 마츠우라 지헤이松浦治兵衛 집의 후미진 별당에 김옥균과 박영효를 숨기고, 나머지는 다른 곳에 분숙시킨다. 12월 14일 밤에 겐카이마루玄海丸 편으로 나가사키長崎를 떠나[61] 고베神戸에서 와카우라마루和歌浦丸로 갈아타고, 12월 18일 오전 1시에 요코하마橫濱에 도착하여[62] 12월 하순에 도쿄부東京府 긴자다케카와쵸銀座竹川町 미우라야三浦屋 양주점에 들어갔다가, 시바쿠芝區 미타三田의 후쿠자와 유키치福沢諭吉 집의 깊숙한 곳에 숨는다.[63]

흠차전권대사 서상우徐相雨와 부대사 묄렌도르프(Paul George von Möllendorff 목인덕穆麟德)이 고종 22년(1885년) 2월 15일 일본에 도착하여 4적賊 인도를 요구하자[64], 김옥균 일행은 밀정과 자객을 피하

61) 長崎県にゆかりの韓国・朝鮮人(나가사키현에 연고 있는 한국・조선인)> 5-1. 金玉均> (14)長崎での宿泊先(나가사키에서의 숙박지), 『金玉均と日本(김옥균과 일본)』 금병동(琴秉洞) 緑蔭書房(료쿠인쇼보) 2001 p175 일행은 나가사키(長崎)에서 일단 여관에서 머물렀다 한다.

62) 『한일관계사연구』 제47집 한일관계사학회 2014 「갑신정변 체험기『遭難記事』필사 원본의 발굴과 사료적 특징」 신동규 p114 夫れより玄海丸にて長崎を發し´ 神戸より和歌浦丸に乗替へ´ 十八日午前一時橫賓に着したり

63) 『金玉均と日本(김옥균과 일본)』 금병동(琴秉洞) 緑蔭書房(료쿠인쇼보) 2001 p176

고자 후쿠자와 유키치福沢諭吉와 의논하여 김옥균은 이와타 슈사쿠岩田周作, 박혁효는 야마자키 에이하루山崎永春, 유혁로는 야마다 오몬미이치山田惟一, 임은명은 고바야시 신조小林進三, 변수는 와타나베 타네타츠渡邊種樹, 이규완은 아사다 료이치淺田良一, 이은석은 쿠모야마 헤이타로雲山平太郎, 정란교는 나카하라 유조中原雄三로 변성명變姓名하여 일본인 행세를 하고65), 3월 전후로 아사쿠사浅草 혼간지本願寺에 임시로 기거하다가, 4월경 김옥균 일행은 요코하마橫浜 외국인 거류지 야마테山手의 영국 4번관의 양옥을 한 채 빌려서 살게 된다.66)

1886년 5월 초순 미국에서 돌아온 박영효朴泳孝(야마자키 에이하루山崎永春)는 도쿄부東京府 츠키지築地 아카시쵸明石町 18번지에 살고 있던 이은석李銀石(타카야마 하루키치高山春吉)과 같이 있다가, 5월 17일 효고현兵庫縣 고베쿠神戸區 야마모토도리山本通 5초메丁目 여점旅店 야마모토키요사브로山本淸三郞에 머무는 것이 탐지되어, 5월 19일 효고 현령兵庫縣令 우츠미 타다카츠內海忠勝가 외무경 이노우에 가오루井上馨에게 보고한다.67)

64) 『통리교섭통상사무아문일기(統理交涉通商事務衙門日記)』 5책 통리교섭통상사무아문 편 1885 p005a

65) 国立公文書館アジア歴史資料センター> 건명 표제; 1. 韓人ニ関スル警視庁及兵庫県庁ヨリノ報告／1 메이지(明治) 19년 1월 7일~메이지(明治) 19년 7월 6일 p9,『매일신보』 1940년 10월 1일「남한성에서 군대교련-개화당 운동의 봉화-유명한 우정국 소동-이규완 씨 담-새 조선 삼년의 회고」,『이규완옹일화집(李奎完逸話集)』 강원도산업부농정과 강원도 1942 p43

66)『金玉均と日本(김옥균과 일본)』금병동(琴秉洞) 綠蔭書房(료쿠인쇼보) 2001 p943

67) 国立公文書館アジア歴史資料センター> 건명 표제; 1. 韓人ニ関スル警視庁及兵庫県庁ヨリノ報告／2 메이지(明治) 18년 12월 19일~메이지(明治) 19년 9월 18일 p23 이은돌의 변성명이 앞과 다른 것은 신분을 감추기 위한 것이며 1855년생인 이은돌을 1861년생인 박영효의 아우(弟)라고 한 것은 이은돌의 신분이 상한(常漢 상놈) 출신이어서 박영효가 하대(下待)하는 것을 보고 그런 것 같다.

[그림 5] 장은규 박영효 박영빈 이은석 등이 고베(神戸) 스와산(諏訪山) 온천 요리점에서 한가하게 이야기를 나누며 주연(酒宴)을 열었던 곳으로 추정되는 토키와(常盤) 동점, 중점이다. 『豪商神兵 湊の魁(호상 고베·효고, 항구의 선구)』 가키누키 요스케(垣貫与祐) 저 1882 p34

두 달 후 장은규張殷奎(다나카 도라키치田中寅吉)·박영효·김학우金鶴羽·김호연金浩然·최호련崔浩連·박영빈朴泳斌·이은석 7명은 고베神戸 야마모토도리아자山本通字 스와산諏訪山 요리점에서 이별의 주연酒宴을 열고, 1886년 7월 24일 오후 8시에 장은규와 박영효 둘은 남고, 다섯 명은 모두 인천으로 직항하는 시마마루志摩丸에 승선하여 25일 오전 2시에 출항한 것이 탐지되어, 효고현兵庫縣지사 우츠미 타다카츠內海忠勝가 외무대신 이노우에 가오루井上馨와 내무대신 야마가타 아리토모山縣有朋에게 보고한다.[68]

주연에 같이 참석하고 남았던 장은규張激奎도 1886년 8월 17일 밤 인천항으로 가는 히고마루肥後丸 편으로 귀국하였다[69]가 붙잡혀 갔다는 기사가 10월 17일에 있고, 또 고종 24년(1887년) 2월 22일에는 장은규·박영빈朴泳彬 등 6명이 모두 죽임을 당했다[70]는

---

68) op. cit. 건명 표제; 1. 韓人二関スル警視庁及兵庫県庁ヨリノ報告／2 메이지(明治) 18년 12월 19일~메이지(明治) 19년 9월 18일 p31, 34『한국 근대음악사 1』노동은 한길사 1995 p391. 이은돌은 1885년 6월 1일 귀국 후 피살되었다고 했으나 사실과 다르다.

69) op. cit. p37

것과 이은종·김봉균·이창규·이은돌 등은 잡히는 대로 처형되었다[71] 기사를 볼 때, 박영빈과 같은 배를 탄 이은돌도 이때 처형되지 않았나 하는 생각이 든다.

5. 맺음말

대조선은 나라를 근대화시키고 군비를 갖춰 스스로 국방력을 키우기 위하여 일본과 청국에 유학생을 파견하는데, 특히 일본에는 보병 하사학술과 나팔학술을 교습받기 위하여 3차 수신사 편에 병대를 파견하여, 1881년 10월 28일 금요일 저녁 도쿄東京의 신바시新橋역에 도착한다.[72] 이어 공식 문서를 갖춰 외무경에게 전습을 요청하자 육군경을 거쳐 11월 17일 태정대신이 재가하여, 11월 28일에 장대용과 신복모는 육군 토야마戶山학교, 이은돌은 쿄도단敎導團에 편입학을 한다.

통역을 붙여 6주 차 전습을 받고 있는데 장대용은 전염병에 걸려 완치를 위하여 조기에 귀국하고, 신복모는 입학 3개월 반 만에 6, 7주 걸려 조선을 다녀오고, 또 한 달이 못 되어서 나가사키長崎와 규슈九州를 무단으로 갔다 오는 등 불성실하고 제대로 학습을 따라오지 못하여 토야마戶山학교는 심지어 농인聾人이라는 표현까지 쓰고 있다.

---

70) 『윤치호 일기』 제1권 1887년 2월 22일(음력 1월 30일) 張殷奎朴泳彬等六人, 俱被죄害云,

71) 『김옥균전 상권』 고균(古筠)기념회 게이오(慶應)출판사 1944 p420 李殷鐘 金鳳均 李昌圭 李銀乭等は捕はれ次第刑せられ

72) 新橋駅-横浜駅間全線の所要時間は53分´ 表定速度は32.8Km/hでした。 (신바시역-요코하마역 간 전선의 소요 시간은 53분, 표정속도는 32.8Km/h이었습니다.)

한편 이은돌은 매일 1인 특별교습을 받는데 재능이 뛰어나 두 달 만에 기존 생도와 같이 연습하기도 하고, 의외의 숙달로 우수한 성적으로 이수하여 도쿄니치니치신문東京日日新聞에 여러 차례 보도가 되고, 전 과정을 이수하자 1882년 9월 16일 쿄도단장敎導團長은 졸업장을 수여하기 위하여 육군경에게 상신하고, 9월 하순에 졸업하여 10개월 과정을 마친다.

[그림 6] 효고진(兵庫津)의 회석요리점 토키와카단(常盤花壇) 『豪商神兵 湊の魁 (호상 고베·효고 항구의 선구)』 가카누키 요스케(垣貫与祐) 저 1882 p39

이처럼 정부는 이들의 신분이 낮음에도 불구하고 개인의 능력을 믿고 파견을 하였고, 귀국 후 신복모는 무과 초시에 응시하여 합격하자 참상參上 부장部將에, 이은돌은 수문장으로 등용하였다. 그러나 이들은 나라를 자강키 위하여 전습한 지식을 전파하여 내부 역량을 키울 생각은 하지 않고, 갑신정변에 가담하여 나라를 큰 혼란에 빠트리고, 전습 받은 지식을 무위로 만들어 오히려 일제의 조선 침략에 한 발 더 다가서는 데 일조하는 결과를 초래하였다.

청국이 동아시아의 기존 질서인 정교금령政敎禁令의 조공朝貢체

제 틀을 깨고 조선을 속방화 하려는 정책에 만국공법에 따라 자주 독립을 위하여 친청파를 제거하고 일시에 개혁하겠다고 일으킨 정변도 아니고 정권 탈취의 목적이었으며, 신응희 등 망명한 잔당들이 일제의 강점에 앞장선 것을 볼 때 모반대역부도죄謀反大逆不道罪가 맞다.

일찍이 일본은 흑선黑船 시대에 살아남는 방법은 주변국을 침략하여 식민지를 만들어야 한다는 인식에 따라, 정한론征韓論을 주장한 조슈번長州蕃의 요시다 쇼인吉田松陰(1830.9.20~1859.11.21) 문하생들과 번교蕃敎인 명륜관明倫館 출신이 조선 침략 정책을 이끌고 요직을 장악하고 있는[73] 것을 인식하지 못한 채, 그들의 논리에 편승하여 정변을 일으킨 것은 침략 의도에 말려들었을 뿐만 아니라, 부분적인 문호개방과 부국강병으로 요약되는 정부의 개화 의지를 약화하여 근대화 시기를 놓치는 결과를 가져왔다.

---

[73] 『끝나지 않은 역사』 이태진 지음 태학사 2017 「요시다 쇼인(吉田松陰)과 도쿠토미 소호(德富蘇峰)」 p139

참고

일본 육군이 1885년 12월 『육해군나팔보』를 제정하기 이전 사용한 프랑스의 나팔보명

기상(起床)   Le Réveil

점호(点呼)   L'Appel

식사(喫食)   La Soupe

학과(学科)   L'Ecole du premier degré

해산(分レ)   La Berloque

상사호출(曹長呼) Aux sergents-majors

주번중사호출(周番軍曹呼) Aux sergents

급양중사호출(給養軍曹呼) Aux fourriers

주번하사호출(週番伍長呼) Aux caporaux

나팔수호출(喇叭手呼) Le Rappel

대기병호출(控兵呼) Au Piquet

집합(集合)   Le Rappel

소집(呼集)   L'Assemblée

일반명령(一般命令) A l'Ordre

군기집합(軍旗集合) Au Drapeau

명령받음포고(拜命布達) Le Ban

비상(非常)　La Générale

제목 없음(タイトルなし) La Retraite

주목해라(気ヲ付ケ) Le Garde-à-vous

소등(消燈)　Extinction des feux

예식(礼式)　Aux champs

군대에 응하는 예식(軍隊ニ應スル礼式) Aux champs en marchant

속보(早足)　Le pas accéléré

완보(坂 マルス)　Le pas de charge

구보(かけ足) Le pas gymnastique

착검(附ケ剣) Baïonnette au canon

해검(取レ剣) Remettre la baïonnette

정지(止レ)　Halte

앞으로(散兵前へ) En avant

해산(散解)　En tirailleurs

우측에(右向ケ)　Par le flanc droit

좌측에(左向ケ)　Par le flanc gauche

후퇴(退却)　En retraite

엎드려(伏臥) Couchez-vous

일어나(起立) Levez-vous

사격개시(打方)　Commencez le feu

사격중지(仐止)　Cessez le feu

달리기 속도(早馳) Le pas de course

대대집합(大隊集合)　L'Assemblée

기병 우측에서 내습(騎兵右方ヨリ襲来) Cavalerie venant à droite

기병 좌측에서 내습(騎兵左方ヨリ仝)　Cavalerie venant à gauche

기병 전방에서 내습(仝前方ヨリ仝) Cavalerie venant sur le front

제목 없음(タイトルなし)　Les refrains des compagnies(1)

제목 없음(タイトルなし)　Les refrains des compagnies(2)

제목 없음(タイトルなし)　Les refrains des compagnies(3)

제목 없음(タイトルなし)　Les refrains des compagnies(4)

제목 없음(タイトルなし)　Les refrains des compagnies(5)[74]

---

74) 『静岡文化芸術大学研究紀要(시즈오카문화예술대학 연구기요)』 VOL.19 2018 「陸海軍喇叭譜 (1885) 制定以前の陸軍フランス式ラッパ譜について(육해군나팔보(1885) 제정 이전의 육군 프랑스식 나팔보에 대해)」奥中康人(오쿠나카 야스토) p50, 51

참고문헌

I 위민爲民의 의지가 서려 있는 탑골공원

단행본

『경복궁 야화』 김재원 탐구당 1991

『구한국외교문서』 권16 덕안(2) 고려대학교 아세아문제연구소 1966(서고 659-10-16. c2)

『독일인 헤르만 산더의 여행』 국립민속박물관 편 국립민속박물관 2006

『뮈텔 주교일기』 4권 한국교회사연구소 역주 한국교회사연구소 1993

『서양인이 만든 근대 전기 한국 이미지-제1권 서울 풍광』 홍순민 외 도서출판 청년사 2009

『(서울 탑골공원) 원각사지 시굴조사보고서』 서울역사박물관 편 서울역사박물관 2002

『사진으로 본 백 년 전의 한국』 김원모 정성길 엮음 가톨릭출판사 1997

『사진엽서로 보는 근대풍경 4 관광』 부산박물관 민속원 2009

『음악과 현실』 박용구 저 민교사 단기 4282(1949)

『종로도서관 육십년사』 종로도서관편집위원 종로도서관 1980

『조선명승실기』 서광전 대동사 1914

『조선시가지계획안 참고자료철』 1933 서울시 보관

『조선인사흥신록』 조선신문사 편 조선신문사편집부 1935(소화 10)

『1901년 체코인 브라즈의 서울방문: 체코 여행가들의 서울 이야기』 서울역사박물관 조사연구과 주한체코공화국대사관 편 서울역사박물관 조사연구과:주한체코공화국대사관 2011

『최신 경성전도』 일한서방 1907

『코레야 1903년 가을』 바츨라프 세로셰프스키, 김진영, 안상훈, 안지영 역 개마고원 2006

『KOREA: FACT AND FANCY』BY Dr. HORACE N. ALLEN METHODIST
	PUBLISHING HOUSE 1904
Horace Allen Papers The New York Public Library 1984 MF005988~
	MF005996 PART Ⅱ(국회도서관)
『Korea: Klucz Dalekiego Wschodu』Sieroszewski, Wacław Gebethner i Wolff
	(게베트너. 볼프) 1905
『The Korea Review』Homer B. Hulbert The Methodist Publishing House,
	Reprint Kyung-In Publishing 1986
『THE STORY OF KOREA(한국의 이야기)』Joseph H. Longford(조지프 롱
	포드) T. Fisher Unwin(피셔 언윈) 1911
『Travels in the Far East(극동 여행)』Ellen Mary Hayes Peck(앨런 마리 헤
	이즈 팩) New York T. Y. Crowell & co 1909
『韓國建築調査報告』東京大學工科大學 編 東京大學工科大學 1904(明治 37)
『韓國案內』가츠키 겐타로(香月源太郎) 저 아오키수잔도(靑木嵩山堂) 1902(明治 35)
『호주 사진가의 눈을 통해 본 한국 1904』조지 로즈(George Rose) 교보문고 2004
『꼬리아 에 꼬레아니』사진해설판 이돈수 이순우 지음 하늘재 2009

연속간행물

『건축사』통권 219호 대한건축사협회 1987
『동명』동명사 1922(대정 11).12.3 마이크로필름(No5)
『월간 음악』12월호 통권 27 월간음악사 1972
『음악 교육』7월호 단행본 부록 세광출판사 1987
『향토 서울』제2호 서울특별시사편찬위원회 4291년(1958년)

온라인검색

국가기록원, 국립고궁박물관, 국립중앙박물관
KTV국가기록영상관e영상역사관 1967.12.15 대한뉴스 제653호
『각부군래첩(各府郡來牒)』규19146-v.1-13 내장원 편 제5책
『개벽』제26호 1922.8, 제33호 1923.3, 제48호 1924.6
『경성부사』vol.1 경성부 편 경성부 1934-1941
Gertrude Bell Archive(거트루드 벨 아카이브)
『내각왕복문(內閣往復文)』규17755-v.1-7 내각(조선) 편 1책
『내부래문(內部來文)』규17761-v.1-24 의정부 편 9책

『대한건축학회 추계학술발표대회 논문집(계획계)』 v.16 n.2 대한건축학회
　　　1996.10.
『ろせった丸滿韓巡遊紀念寫眞帖(로제타마루만한순유기념사진첩)』 동경조일
　　　신문사 1906
『별건곤』 제23호 1929
『사상에 관한 정보철』 제6책 1930
『승정원일기』
『조광(朝光)』 조선일보사출판부 1938
『조선실업시찰단기념사진첩』 마쓰시다 나가히라(松下長平) 저 민우사 1910
『조선총독부관보』 1913년(대정 2) 7월 26일
『조선풍속풍경사진첩』 1권 히노데쇼교(日之出商行) 편 간사자 미상 1914
『최근 경성 안내기』 조선연구회 편 조선연구회 1915
『KOREA』 Constance J. D. Coulson Adam and Charles Black 1910

신문

『경남일보』『경향신문』『동아일보』『대한민보』
『황성신문』『대동신문』『독립신문』『대한매일신보』
『매일신문』『매일신보』『제국신문』『조선일보』
『조선중앙일보』『중앙신문』
『The Seoul Press』 (1906. 12. 5~1937. 5. 30) 한국학문헌연구소 아세아
　　　문화사 1988

II 충의忠毅가 일성처럼 빛나던 장충단

단행본

국가기록원> 국유재산 관계철(1944년)
국립중앙박물관> 일제 강점기 조사 자료> 유리건판 자료집
『개벽』 제26호 개벽사 1922
서울역사아카이브> 근대현대지도> 경성시가도 1927
『경성일보』 영인판 제205권 한국교회사문헌연구원 2008
『각양고유등록(各樣告由謄錄)』 규장각 편 고종 5년(1868년) 이후
『국유재산 관계철』 CJA0022155 조선총독부 세무, 국가기록원 1944
『고종실록』 40권, 41권,
『동명』 제13호 동명사 1922
『동북아문화연구』 제19집 동북아시아문화학회 2009
　제33집 동북아시아문화학회 2012
『덕수궁 중명전 보수・복원 보고서』 문화재청 2009
『(대한제국 제향) 축문』 장례원 편 광무 10년(1906년)
『명성황후와 대한제국』 한영우 효형출판 2001
『문헌보국』 5권 8호 조선총독부도서관 편 조선총독부도서관 1939(소화 14)
『별건곤(別乾坤)』 제23호 경인문화사 편 경인문화사 1929
『석고각상량문(石鼓閣上樑文)』 윤경규(尹庚圭) 서, 간사자 미상 1936
『소년』 제2권 최창선 신문관 융희 2년(1908년)
서울사진아카이브> 중구 어린이 스케이트장 개관 1960년 1월
「서울, 한강, 김포 항공촬영 3」 공보처 홍보국 사진담당관 1958
『선만총서(鮮滿叢書)』 제4권 호소이 하지메(細井肇) 편 자유토구사 1922(대정11)
『사원창립허가 포교관리 기타의 건』 CJA0004799 조선총독부 사회교육 국가
　　　　　기록원 1932
『일기(日記) 하』 장례원 편 광무 4년(1900년) 장서각
『일본관광기념사진첩』 남산당인쇄부 촬영 니혼쇼코(日本商行) 1909
『제등록(祭謄錄)』 장례원 장서각 광무 5년(1901년)
『정무사의궤(靖武祠儀軌)』 장례원 장서각 융희 원년(1907)~융희 4년(1910)
『제물등록(祭物謄錄)』 예조 편 고종 15년(1878년)
『종묘오향대제(宗廟五享大祭)』 장례원 장서각 광무 10년(1906)
『조병옥 민주당 최고위원 민주당 시국강연회 참석』 CET0045192 공보처 홍

보국 사진담당관 국가기록원 1957

『조선의 민요』성경린 장사훈 공편 국제음악문화사 단기 4282(1949)

『지역문화연구』제4집 지역문화연구소 2005

『진학』학생사 1946

『장충단영건하기책(奬忠壇營建下記冊)』원수부(조선) 편 광무 5년(1901)

『충의공가장(忠毅公家狀) v01』홍세영(洪世泳) 편저 1927 장서각

『탁지부각부원등공문래거문(度支部各部院等公文來去文)』규17877 제22책 탁
　　　지부(조선) 편 규장각 광무 원년(1897)~광무 8년(1904)

한국학진흥사업 성과포탈, 「일제침략기 사진 그림엽서 DB」

신문

『가정신문』『경향신문』『동아일보』『대한매일신보』『매일신보』『제국신문』
　　　『조선신문』『조선일보』『조선중앙일보』『황성신문』

Ⅲ 제국의 길목에 서 있던 기념비전

『기념비각상량문』 남정철(南廷哲) 찬 조야송축소 1902
『경성부관내지적목록(京城府管內地籍目錄)』 1917년 대림도서출판사 1982
『경성부사(京城府史)』 1권 경성부 편 경성부 1934
『경성부일필매지형명세도』 카와이 신이치로(川合新一郎) 편 조선도시지형도
　　　간행회 1929
『경성일보』
『국역 하재일기(荷齋日記)』 7 서울시사편찬위원회 편저 서울시사편찬위원회
　　　2009
『가정신문』
『경향신문』
『독립신문』
『동아일보』
『매일신보』
문화유산 연구지식포털
『별건곤』 제23호 개벽사 1929
『순부(純附)』 2권
『제국신문』
『조선일보』
『황성신문』
『통첩(通牒)』 규17822 제9책

Ⅳ 대한제국에 나부낀 어기御旗와 군기

단행본

『궁내부거래문첩(宮內府去來文牒)』 규(奎)17882, 6책

『궁내부래문(宮內府來文)』 규17577, 88책

『京都府令(경도부령)』 경도부 편 간사자 미상 1874

『관보』 의정부총무국 관보과 광무 7년(1903년)

『각부청의서존안(各部請議書存案)』 규17715, 25책

『고종 시대의 재조명』 이태진 태학사 2000

『國朝五禮序例(국조오례서례)』 Vol: 곤 권4 신숙주 등수명편

『내각궁내부거안(內閣宮內府去案)』 규17758, 1책

『독일인 헤르만 산더의 여행』 국립민속박물관 2006

『명성황후와 대한제국』 한영우 효형출판 2001

『兵將圖說(병장도설)』 세조 찬정 간사자 미상 간사년 미상

『(순명왕후) 국장도감의궤』 2책 규13902-v.1-4 국장도감(조선) 편 광무 8년
(1904년)

『서울역사박물관:600년 서울을 담다:상설전시 도록』 서울역사박물관 편 서울
역사박물관 2013

『(순종순종비) 가례도감의궤』 1책 규13182-v.1-2 가례도감(조선) 편 광무 10년
(1906년)

『속병장도설(續兵將圖說)』 조관빈(趙觀彬) 박문수(朴文秀) 구성임(具聖任)
김성응(金聖應) 김상로(金尙魯) 등이 편찬 영조 25년(1749년)

『승정원일기(承政院日記)』

『어기(御旗)』 규26192 편자 미상, 규장각 한국학연구원

『일성록(日省錄)』 규12816, 496책, 511책, 513책

『일영박람회출품사진첩』 통감부 편

임인진연도병壬寅進宴圖屛 국립국악원

『영정모사도감의궤(影幀摸寫都監儀軌)』 2책 종친부(조선) 편 규13990-v.1-2
광무 5년(1901년)

『조선 시대의 어가행렬』 백영자 한국방송통신대학교 출판부 1994

『조선 시대 진연 진찬 진하 병풍』 서인화 박정혜 주디 반 자일 편저 국립국
악원 2000

『칙령(勅令)②』 25책 의정부(조선) 편

『한국관보』 내각법제국 관보과 융희 원년(1907년)

『한국민족문화대백과사전 4』 이영덕 한국정신문화연구원 1996

한국학진흥사업 성과포탈, 「일제침략기 사진 그림엽서 DB」

『(효정왕후) 국장도감의궤(孝定王后國葬都監儀軌)』 2책 규13818-v.1-4 국장
　　　도감(조선) 편 광무 7년(1903년)

『Flags of Maritime Nations』 Fifth edition, United States. Navy Department.
　　　Bureau of Navigation 1882

전시

서울역사박물관 600년 서울을 담다 서울역사박물관 2013

허정웅 기증전 도록 국립고궁박물관 2011.11.22.~2012.2.5

신문

『공립신보』『경향신문』『동아일보』『대한매일신보』『제국신문』
『조선일보』『황성신문』

V 경운궁 수위대 교대와 칭경예식의 관병식

『공독존안(公牘存案)』 1책 예식원 편 광무 5년(1901년)

『관병식절차(觀兵式節次)』 군부 편 광무 6년(1902년)

『군사』 제48호 군사편찬연구소 2003

『고종실록』 35권

『각부청의서존안』 규17715 23책 규장각 한국학연구원

『꼬레아 꼬레아니(Corea e Coreani)』 까를로 로제티(Carlo Rossetti)저 서울
　　　학연구소 역 숲과나무 1996

『Corea e Coreani(꼬레아 에 꼬레아니)』Parte Ⅰ. Carlo Rossetti 1904

『내외진연등록』

『독립신문』

『독일인 헤르만 산더의 여행』 국립민속박물관 편 국립민속박물관 2006

『The Tragedy of Korea(대한제국의 비극)』 Frederick A. McKenzie(프레더릭
　　　맥켄지) 1908

『滿韓巡遊記念帖(만한순유기념첩)』 미츠무라 토시모(光村利藻)편 미츠무라
　　　(光村)사진부 1908

『보병조전(步兵操典)』 이학균(李學均) 편 육군무관학교 광무 2년(1898)

서울역사아카이브> 서울지도> 지적도

『육군 예식』 제1판 군부 편 광무 5년(1901년)

『예식장정』 예식원 편 광무연간

『주한일본공사관기록』 18권, 23권 국사편찬위원회 1997

『친목회 회보』 제6호 대조선인일본유학생친목회 1898

『한국관보』 규17289 4책, 134책, 의정부 관보과

『황궁외순찰규칙(皇宮外巡察規則)』 군부 편 광무 10년(1906년) 4월 이후

『황성신문』

Ⅵ 제3차 수신사를 따라간 병대兵隊 연구

『김고균갑신일록(金古筠甲申日錄)』 김옥균

『근대한중관계사연구』 송병기 단대출판부 1985

『국사관논총』 제66집 국사편찬위원회 1995 「1881년 조사시찰단의 활동에
　　관한 연구」 허동현

『豪商神兵 湊の魁(호상 고베·효고, 항구의 선구)』 垣貫与祐(가키누키 요스케)
　　저 1882

『(경성부일필매)지형명세도』 카와이 신이치로(川合新一郎)편 조선도시지형도
　　간행회 1929

『갑신사변안(甲申事變案)』 v1

『金玉均と日本(김옥균과 일본)』 금병동(琴秉洞) 綠蔭書房(료쿠인쇼보) 2001

『김옥균전 상권』 고균(古筠)기념회 게이오(慶應)출판사 1944

『고종실록』

『끝나지 않은 역사』 이태진 지음 태학사 2017

『東京日日新聞(도쿄니치니치신문)』

『立敎大學(릿쿄대학)』 갑제469호 2018 「中日近代新漢語についての硏究 －仏
　　敎由来漢語を中心に－(중일 근대 신한어에 대한 연구 －불교 유래 한
　　어를 중심으로-)」 胡新祥(후신샹)

『매일신보』

『사화기략(使和記略)』 박영효 지음 이효정 옮김 보고사 2018

『서재필과 그 시대』 서재필기념회 편 서재필기념회 2003 「서재필과 일본 군
　　사유학」 박영준

『駿台史學(순다이사학)』 제121호 2004 「朝鮮修信使と明治政府」 落合弘樹(오
　　치아이 히로키)

『승정원일기』 2890책(탈초본 133책), 2911책(탈초본 134책), 2928책(탈초본
　　134책)

『신민』 제14호 신민사 1926 「갑신정변」 박영효

『新聞集成 明治編年史』 제4권 신문집성명치편년사편찬회 편 린센사(林泉社) 1936

『静岡文化芸術大学研究紀要(시즈오카문화예술대학 연구기요)』 Vol. 19 2018
　　「陸海軍喇叭譜(1885) 制定以前の陸軍フランス式ラッパ譜について(육
　　해군 나팔보(1885) 제정 이전의 육군 프랑스식 나팔보에 대해)」 奥
　　中康人(오쿠나카 야스토)

『이규완옹일화집(李奎完翁逸話集)』 강원도산업부농정과 강원도 1942

『의금부국안(義禁府鞫案)』 이왕직 실록편찬회 초록 1932

『일본외교문서』 14권

『일성록(日省錄)』 263책, 266책, 281책

『왜사일기(倭使日記)』 v14 이왕직실록편찬회 1920

『음악연구』 제4집 한국음악학회 1985 「개화기 음악연구 Ⅰ」 노동은

『입조록(立朝錄)』 v5 이재원 찬

『윤치호 일기』 제1권

『조선중앙일보』

『時事新報(지지신포)』

『(추안급국안推案及鞫案 중) 갑신정변 관련자 심문·진술 기록』 의금부(조선) 편
　　　박은숙 역 아세아문화사 2009

『통리교섭통상사무아문일기(統理交涉通商事務衙門日記)』 5책 통리교섭통상
　　　사무아문 편 1885

『통제영계록(統制營啓錄)』 고종 19년(1882년) 정월 12일

『한국 근대음악사 1』 노동은 한길사 1995

『한국개화사의 제 문제』 이광린 저 일조각 1986

『한성순보』 통리아문박문국 개국492년(1883년)

『한일관계사연구』 제33집 한일관계사학회 2009 「운요호사건과 이토 히로부미」
　　　김흥수

　　제47집 한일관계사학회 2014 「갑신정변 체험기『遭難記事』 필사 원본의 발
　　　굴과 사료적 특징」 신동규

國立文書館アジア歷史資料センター(국립문서관 아시아역사자료센터)

長崎県にゆかりの韓国·朝鮮人(나가사키현에 연고 있는 한국 조선인)

フランツ·エッケルト没後100周年記念特別展(프란츠 에커트 사후 100주년
　　　기념 특별전) 도쿄(東京)대학 코마바(駒場)박물관 2016.3.12～6.26

최창언(崔昌彥)

1997년 봄 운현궁에서 재현한 고종·명성황후 국혼례의 장엄하고 격조 높은 의례에 매료되어 대한제국에 빠져, 이제는 가고 없는 제국에 관한 연구를 이어오고 있다. 한번 가버린 것은 돌이킬 수가 없고 연구는 가고 없는 것에 대한 그리움이었다.

저서 및 논문
『대한제국의 양악 도입과 그 발자취』한국학술정보 (2020)
「대한제국의 시위군악대와 대한제국애국가에 관한 연구」『대한제국애국가 및 근대음악 역사자료 발굴, 복원사업 연구논문집』(사)대한황실문화원 (2018) 서울특별시 역사문화재과 근대역사 자료수집 지원사업
「한국 양악의 발상지를 품은 열하나 동네」『창덕궁 앞 열하나 동네』No.8, 창덕궁 앞 열하나 동네(2017)
「애국선열 충혼 기려 민족정기 바로 잡아야 –대한제국 현충원 장충단 복원을 위한 연구(요약)–」『영웅』Vol.5 꼬레아우라 (2016)
「대한제국의 어기御旗와 군기」『황실학논총』제13호 한국황실학회 (2012)
「대한제국 애국가와 프란츠 에케르트」『음악저널』Vol.241~250, 252, 253, 255. 도서출판 작은우리(2010), 「소민과 군주의 나라에서 부른 대한제국애국가」논문 재연재
「광무황제의 위민의 의지가 서려 있는 탑골공원」『황실학논총』제10호 한국황실학회 (2008)
「대한제국애국가와 시위군악대의 변천」『황실학논총』제9호 한국황실학회 (2007)
「소민과 군주의 나라에서 부른 대한제국애국가」『황실학논총』제8호 한국황실학회 (2007)

최민준

황실기 일러스트레이터, 한양대학교 ERICA 캠퍼스 재학 중으로 '금수'라는 이름으로 일러스트를 그리고 있습니다. 역사와 고증에 관심이 많아 복식사, 군사사나 민속에 관한 일러스트를 자주 그리고 또 공부 중입니다.

대한제국의
기념 사적과
칭경예식의 관병식을
위한 연구

초판인쇄 2021년 11월 30일
초판발행 2021년 11월 30일

지은이 최창언, 일러스트레이터(황실기)최민준
펴낸이 채종준
펴낸곳 한국학술정보㈜
주소 경기도 파주시 회동길 230(문발동)
전화 031) 908-3181(대표)
팩스 031) 908-3189
홈페이지 http://ebook.kstudy.com
전자우편 출판사업부 publish@kstudy.com
등록 제일산-115호(2000. 6. 19)

ISBN 979-11-6801-199-1 93910